从公司到市场——全球公司治理最新进展研究

程 华 著

中国财经出版传媒集团

中国财政经济出版社

图书在版编目（CIP）数据

从公司到市场：全球公司治理最新进展研究/程华著. ——北京：中国财政经济出版社，2019.12
ISBN 978 – 7 – 5095 – 9544 – 2

Ⅰ.①从… Ⅱ.①程… Ⅲ.①公司 – 企业管理 – 研究 Ⅳ.①F276.6

中国版本图书馆 CIP 数据核字（2019）第 292299 号

责任编辑：宋学军　　　　　　责任校对：李　丽
封面设计：王　颖

中国财政经济出版社 出版

URL：http://www.cfeac.cn
E-mail：cfeac@ cfemg.cn

（版权所有　翻印必究）

社址：北京市海淀区阜成路甲 28 号　邮政编码：100142
营销中心电话：88191522
天猫网店：中国财政经济出版社旗舰店
网址：http://zgczjjcbs.tmall.com
北京财经印刷厂印装　各地新华书店经销
787×1092 毫米　16 开　10.5 印张　161 000 字
2019 年 12 月第 1 版　2019 年 12 月北京第 1 次印刷
定价：40.00 元
ISBN 978 – 7 – 5095 – 9544 – 2
（图书出现印装问题，本社负责调换）
本社质量投诉电话：010 – 88190744
打击盗版举报热线：010 – 88191661，QQ：2242791300

内容摘要

良好的公司治理是健康公司的基本要素，也是公司可持续发展的关键。强有力的治理基础有助于进行更好的管理和更有效的董事会领导，除了获得商业利益外，还可以提高运营效率、降低风险、改进决策和提高估值。

近年来，我们在全球的公司治理领域看到了显著的进步。在所有发展阶段市场中的公司、监管机构和立法机构，均认识到了良好的公司治理的价值以及它在提高投资者兴趣、改善对资本的获取、提高市场化程度等方面的作用。

本书评估了2008年全球金融危机后世界各地的公司治理状况，为过去十多年全球公司治理领域发生的一系列变化，提供了一份引人入胜的详细描述。本书重点介绍了公司治理在董事会做法、控制环境、股东保护、透明度和信息披露等方面的显著改进。本书还介绍了在更有效地应用、监控和执行公司治理守则（准则）方面的最新进展。重要的是，本书确定了今后需要开展更多研究的方向，例如加强国家层面的承诺，以确定公司治理议程的优先次序。

当今世界各国的发展均面临不同程度的不确定性。然而，当我们回顾过去所取得的成就，并着眼于未来的目标时，我们更加清楚地看到了强大的公司治理对于单个公司、监管机构以及政府的持久价值。

本书收集和提供了有关全球公司治理最新进展的重要资料，特别是自金融危机以来发生变化的最新方向和进展，主要有以下四部分内容。

第1章：全球和地区公司治理集团的最新进展

本章包括对全球或多个国家的公司治理标准和做法具有广泛影响力的全

球组织的最新进展。这些组织包括经济合作与发展组织（OECD）、巴塞尔银行监管委员会（BCBS）、投资者群体的国际公司治理网络（ICGN）和欧盟。第1章还介绍了北欧国家（丹麦、芬兰、挪威和瑞典）的公司治理发展情况。自经历20世纪20年代以来最大的金融危机之后，全球、地区和国家层面的公司治理标准发生了许多变化。一般而言，与公司治理有关的变化是引领市场信心和信任的关键因素，使公司治理的重点超越了公司层面。变化反映了以下内容：

- 在公司治理的某些领域加强监管，而不是自愿性守则，以确保遵守守则，并确保守则拥有支持公司多样性的灵活应用。
- 监管机构需要监控公司治理守则和做法的披露。
- 需要从长远的角度看待公司事务和这种观点的驱动因素，特别是在战略、业绩、薪酬激励和股东期望方面。
- 认识到理解商业模式对公司的输入、业务流程、输出和影响的重要性，以及它在平衡控股股东的权力中所处的环境。
- 要求公司提高透明度和提供更好的信息，特别是关于治理和董事会效力、关联方交易、公司战略、风险、业绩和公司文化的信息。
- 认识到投资者在公司治理框架中的作用，以及股东参与公司事务和公司与投资者沟通的必要性。
- 公司治理条例的重点转移，以考虑其对资本市场的作用和影响，而不仅仅是对单个公司的作用和影响。
- 投资者对"薪酬话语权"的要求以及董事会对风险和风险文化的更多关注。

第2章：公司治理发展：做法及问题

本章通过由公司发起的持续改进方案，这一已被公认为是更好的公司治理做法，回顾公司治理的发展。公司治理的关键变化和新方向体现在董事会做法、控制环境和股东保护方面。更多地关注董事会和董事对公司治理的承诺、董事会文化以及董事会行为，为更好的公司治理奠定了基调。

董事会本身正在组织和利用董事委员会来改进他们的工作，特别是在审计、薪酬和风险方面，以及公司治理、董事提名和继任规划方面。这导致人们期望扩大独立董事的作用以及其对董事委员会的贡献。大多数国家已规定上市公司设立审计委员会，现在要求适当的财务技能，并提高审计委员会的独立性。在风险方面，人们越来越需要在分析中考虑其他变量，在经济和金融分析中增加社会和环境方面，这需要董事会成员具备新的专门知识和能力。董事会评估也已成为大多数国家或地区的公认做法。公司治理的发展主要包括以下四个方面：

一、控制环境和风险

人们在金融危机后更加注重风险管理和董事会问责，并不令人惊讶，这是为了建立一种风险文化和健全的风险系统和流程，以便更好地监督风险。许多公司已将最初在银行业和金融业开发的"三防"模式纳入其风险管理中。这些公司期望董事会能加强其在风险方面的专门知识，扩展其对实体风险和风险承受能力的理解，并为实体设定风险偏好限制——这是一项复杂且具有挑战性的目标，目前还处于起步阶段。

人们更加关注内部"看门人"在管理风险方面的作用。在银行业和金融业，为了应对日益增加的监管压力，首席风险官（CRO）的作用更加明确，风险官、合规官和内部审计师之间在支持和测试内部控制和整个公司控制环境方面的内部联系也得到了加强。

更广泛地说，在所有实体中，内部审计的作用越来越大，其任务范围扩大到公司文化等方面——这是导致内部审计方面的公司治理发生变化的一种新的趋势。在内部审计的报告关系方面，向首席财务官（CFO）报告的情况越来越少，而审计委员会主席最终负责的情况越来越普遍。预计未来内部审计师将拥有独立、资源充足的职能，并直接向董事会下属审计委员会报告。预计未来 CRO 和审计委员会之间在风险监督方面的合作将更加密切。在复杂的风险环境中，人们越来越期待设立一个独立的董事会下属风险委员会，由 CRO 负责向董事会报告。一些国家或地区的大型银行已经被规定这样做。

监管机构和国际证监会组织（IOSCO）等国际组织也正将重点放在审计委员会的作用上，以确保更好的审计质量。在一些国家或地区，监管机构正在发布 AQIs（审计质量指标），供监管机构使用，并供审计委员会评估其外部审计的质量。本书还着眼于传统风险管理工具的发展，以协助企业范围内的风险管理。其中包括将风险纳入公司决策过程的模型，以及国际金融公司（IFC）开发的工具包，以使其官员能够更好地评估控制环境和风险，这也是其公司治理评估的一部分。

二、透明度和披露

新出现的工具和框架有助于更广泛地报告非财务事项。综合报告（IR）就是这样一种发展，它将可持续性和非财务报告与财务报告结合并联系起来。它主张报告能提供一个简洁、全面的公司价值创造（广义上，而不仅仅是财务价值）和公司以可持续方式维持价值创造的能力的图景。它基于一个由以下六个词语组成的新概念：财务资本、制造资本、智力资本、人力资本、社会和关系资本、自然资本，这代表着公司使用、转换和提供的资本的形式或来源。IR 讲述了公司所依赖的资本，公司如何使用这些资本，如何通过业务流程和活动将这些资本转化为产品和服务，以及这些产品和服务的影响。

审计师在外部审计方面的调查结果也将更加透明，因为新的外部审计报告样式要求审计师披露审计期间出现的、审计师与审计委员会或董事会讨论的关键事项。

三、股东权利

股东权利在两个特定领域得到加强：关联方交易和受益股东。公司和董事会一直在改进关联方交易方面的政策和做法，以及他们的审批程序。在良好的做法中，股东事先批准主要的关联方交易，以及所有其他关联方交易的董事会审查和批准程序已经到位。

随着股东与公司在公司治理问题上的接触增多，有必要确定重要股东的身份，尤其是在控股股东存在的情况下。对于最终受益股东，一直并将继续存在透明度要求；代名人与中介机构、信托和类似事物背后在所有权方面的面纱可能会被揭开。

四、对公司治理的承诺

最重要的是，公司和董事显示出了对公司治理和自上而下的公司治理基调或文化的更强承诺。对公司治理的承诺体现以下方面：公司的领导行为，道德准则的存在，董事会评估和继任规划方面的更强有力的制度、政策和做法，控制环境和风险监督，股东和董事会对公司治理问题的更强参与。

第3章：公司治理守则的全球发展

审查公司治理守则和标准如何在不同国家和以不同方式发展，仍然普遍存在的问题，是如何可持续发展和对企业的社会、环境和经济方面的综合思考，以及如何将其纳入公司治理守则和标准。

公司治理守则反映了公司治理标准最近的变化和新发展，这些变化和发展着眼于整合更好的董事会做法、股东保护、为所有利益攸关方创造价值、透明度和披露、环境和社会考虑。最近，对公司治理守则的众多审查表明，一些关键问题已被规定进行管理，并在试图使守则更有效的尝试中成为法律或法规。守则中的其他事项也已经遵循国际良好做法进行了更新。在这些主要在欧洲进行的审查中，许多守则所依据的"遵守或解释"原则已得到重新审议和确认，但在其他地区，如非洲，对"遵守或解释"方法的支持较少。但是，这些审查注意到，人们对强制性法律、法规和守则以及自愿性守则的效力进行了更多的评估，这取决于公司治理在特定国家或地区的法律框架和发展阶段。

在一些国家，正在讨论单一国家守则与上市实体、金融机构、国有企业和类似领域的单独守则的相对优势。大部分国家，明显加强了对公司治理实施的监测、执行和报告。

第4章：总结

自金融危机以来，全球、地区和国家层面的公司治理环境都发生了很大变化。要满足利益攸关方更高的期望，就需要公司重新努力改善公司治理，需要投资者重新努力参与改善被投资公司的公司治理，也需要监管机构监督其管辖范围内的公司中对公司治理的承诺程度。重要的是，人们已经认识到，更好的公司治理能够对市场发展、经济增长和稳定作出更大的贡献。

在本书的最后总结部分，总结了公司治理的各种模式。

本书可供从事公司治理的管理人员、企业家以及相关领域的学者或专业人士使用。

目 录

第1章　全球和地区公司治理集团的最新发展 …………………………… 1

1.1　《G20/OECD 公司治理原则》 ……………………………………… 1
1.2　《巴塞尔银行监管委员会公司治理原则》 ………………………… 4
1.3　全球投资者观点 ……………………………………………………… 7
1.4　欧盟的发展 …………………………………………………………… 11
1.5　北欧公司治理的发展 ………………………………………………… 19
1.6　全球问题总结 ………………………………………………………… 21
1.7　趋势和未来发展 ……………………………………………………… 22

第2章　公司治理发展：做法及问题 …………………………………… 23

2.1　董事会的效力和做法 ………………………………………………… 24
2.2　控制环境和风险 ……………………………………………………… 40
2.3　对透明度和披露的要求事项 ………………………………………… 56
2.4　股东权利：关联方交易和受益所有权 ……………………………… 74
2.5　对公司治理发展的承诺 ……………………………………………… 80
2.6　趋势和未来发展 ……………………………………………………… 83

第3章　公司治理守则的全球发展 ……………………………………… 85

3.1　公司治理守则关键问题综述 ………………………………………… 85
3.2　守则和框架的定期审查 ……………………………………………… 87

3.3 强制规定公司治理：一场尚未结束的辩论 ………………… 88
3.4 不同的方法："遵守或解释"合适吗？ ………………… 94
3.5 守则原则、做法和效力 ………………… 97
3.6 不同类型的守则与标准化方法对比 ………………… 99
3.7 守则应用、监控、执行和计分卡 ………………… 100
3.8 将可持续发展/ESG 整合到守则中 ………………… 104
3.9 概要 ………………… 111

第 4 章 总结 ………………… 114
4.1 理论界的代表性观点 ………………… 114
4.2 公司治理的模式总结 ………………… 115
4.3 公司治理中的股权激励 ………………… 126
4.4 国际公司治理比较研究对我国公司治理的重要启示和借鉴意义 ………………… 132
4.5 我国资本市场监管机构在公司治理方面的最新进展 ………………… 136

附录 ………………… 138
附录1：董事会评估要求 ………………… 138
附录2：上市公司治理准则 ………………… 139
附录3：本书缩略词 ………………… 153

部分参考文献 ………………… 155

第1章

全球和地区公司治理集团的最新发展

公司治理的变化往往是在重大危机之后发生的。在1997年亚洲金融危机之后，以及在因"互联网泡沫"破灭和2002年安然与世界通信公司的重大崩盘之后，很多国家审查和修订了公司治理条例。自2008年金融危机以来，许多审查表明，不良的公司治理做法可能导致了金融体系的崩盘。审查最初是由负责《公司治理原则》制定的经济合作与发展组织（OECD）发起的。自2008年起，公司治理条例的关键变化一直在继续。

经济合作与发展组织2009年的报告指出，金融危机暴露了公司治理的严重缺陷。在最需要的时候，现有的标准无法提供公司培养健全的商业做法所需的制衡。

1.1 《G20/OECD公司治理原则》

2008年全球性金融危机之后，OECD与20国集团（G20）合作，修订了《公司治理原则》。《公司治理原则》已被证明是公司治理的国际参照，并可作为下列方面的基础：

- 《OECD国有企业公司治理指南》；

- 《OECD 跨国企业指南》；
- 巴塞尔银行监管委员会（BCBS）发布的《银行公司治理指南》；
- 《OECD 保险公司和养老基金治理指南》，作为各国改革的参考；
- 金融稳定委员会（FSB）健全金融体系的关键标准之一，为金融稳定委员会、G20 和 OECD 成员国服务；
- 世界银行集团在全世界 60 多个国家（地区）审查中使用的"标准和守则遵守情况报告"；
- 国际金融公司（IFC）在支持公司实施良好的公司治理做法中使用；以及
- 东盟（ASEAN）公司治理计分卡。

《公司治理原则》也构成了 IFC 公司治理方法的支柱，IFC 公司治理方法是一套评估公司治理风险和机遇的系统，IFC 利用该系统来帮助那些致力于改善公司治理做法的公司。它被金融机构公认为是这类方法中最先进的方法，也是目前由 34 个发展性金融机构（包括 IFC）实施的公司治理协调办法的基础。

《公司治理原则》的变化源于在 2011 年至 2014 年期间进行的多次同业审评和研究，主要涉及以下方面：

- 董事会实务，特别是薪酬；
- 机构投资者在促进良好公司治理方面的作用；
- 关联方交易和小股东权利；
- 董事会提名程序和选举；
- 公司治理中的监督和执行；以及
- 风险管理。

目前已完成的审查进程，使得 OECD 在 2015 年 9 月推出了《G20/OECD 公司治理原则》和相关的《国有企业公司治理指南》。将 G20 所有成员国纳入《公司治理原则》签署国，意味着《公司治理原则》将得到更广泛的采用，而不仅仅是 OECD 成员国。这次审查还使得 OECD 发行了《公司治理概况》，所有文件都分享了关于 OECD 成员国和一些其他国家或地区的公司治理做法的最新信息。对于希望将自己的框架与其他国家的框架进行对比的国家，《公司治理概况》是一个十分有用的资源。

第 1 章　全球和地区公司治理集团的最新发展

《公司治理原则》的主要变化是反映关于公司治理问题的新思维的新材料组合，突出重要问题的新结构，以及额外的解释性材料（见表1-1）。

表1-1　《G20/OECD 原则》中反映的关键变化

部分	主题	变化
一	有效的公司治理框架	加强公司治理的监督和执行的效力： ● 更加重视公众、独立监督和执行的重要性； ● 更多地关注监管机构治理； ● 转变股票市场角色，以利润最大化为目标，影响市场监管和执行； ● 关于跨境上市实体公司治理影响的补充指导
二	股东权利和公平待遇，以及主要所有权权能	加强股东权利和股东保护： ● 关于关联方交易的补充指导； ● 更多地关注集中所有权，以及其对公司治理的影响； ● 提高最终受益所有权的透明度
三	机构投资者、股票市场和其他中介机构	在《公司治理原则》中引入一个新的章节，强调机构投资者和股票市场在公司治理中的作用： ● 包括对代理顾问和资产经理在公司治理中的作用的指导——关于全球应用的更好办法，包括费用结构、利益冲突的新焦点； ● 其他问题——多个股票市场上市、跨境影响以及公司治理规则的应用
四	利益攸关方在公司治理中的作用	更新和确认 OECD 其他文书和全球文书在这一领域的发展（基本上保持不变）： ● 修订本承认有必要在《公司治理原则》中列入关于雇员和利益相关方的行动，特别是承认他们在促进公司长期成功和业绩方面的贡献作用
五	披露和透明度	确保充分和适当地披露所有重要事项： ● IFRS 现在涵盖了许多规则，因此可以对材料进行修订； ● 承认非财务报告越来越重要； ● 披露关联方交易； ● 明确董事长与 CEO 的责任； ● 独立审计监管机构、高质量审计和审计监督
六	董事会的责任	明确董事会在特别领域的责任： ● 监督风险管理系统； ● 董事委员会的作用和职责，特别是审计委员会和风险委员会； ● 并非建议所有公司都设立所有委员会，例如风险委员会

修订后的《公司治理原则》于2015年9月印发。由于《公司治理原则》不仅被 OECD、G20 和 FSB 采用，还被视为公司治理的全球参照，所以还审

查了全球范围内的许多其他法律、法规、守则和标准。

在过去几年中，股票市场的形态发生了变化。从1998年到2012年，集中所有权从22%左右上升到了41%左右，这使得人们更多地认识到控股股东对公司治理的重要性，包括家庭所有权或国家所有权。因此，新的《公司治理原则》为存在控股股东的公司治理提供了更为具体的指导，并指出了公司所有权透明度的重要性。

1.2 《巴塞尔银行监管委员会公司治理原则》

2012年，BCBS发布了一套加强银行业公司治理的原则——《巴塞尔银行监管委员会公司治理原则》，表达了其对银行作为市场监管机构在公司治理方面的期望。该原则假定了《OECD原则》的适用，然后增加了对银行和银行监管的额外和特定重点的需求。《BCBS公司治理原则》同样适用于新兴市场和发达市场，BCBS也认识到《BCBS公司治理原则》的应用需要灵活性，以允许其应用于不同的市场以及不同规模和复杂程度的银行商业模式。

2014年，BCBS对2012年版的《BCBS公司治理原则》进行了修订。公司治理指南变化的驱动因素是OECD、国际金融研究所等其他机构在公司治理发展方面所做的工作。此外，BCBS参与并广泛考虑了FSB关于风险治理、风险文化和风险偏好的专题同行评审结果。

BCBS完成了公司治理新指南的制定，并于2015年发布。2015年版的《BCBS原则》（BCBS, 2015年）[①] 回应了对风险采取综合办法的需要：风险文化、风险偏好、风险能力和补偿与风险相一致。主要修订包括：

• 加强对风险治理的指导，包括业务部门、风险管理小组、内部审计和控制职能（三个防线）发挥的风险管理作用，以及健全的风险文化对推动银行内部风险管理的重要性；

• 扩展关于董事会在监督有效风险管理系统的执行方面的作用的指导；

---

① 《BCBS指南：银行公司治理原则》在下文中被称为《BCBS原则》或《BCBS指南》。

- 强调审计委员会的集体能力的重要性,以及个别董事会成员在以下两个方面的义务:花足够的时间执行其任务,随时了解银行业的发展情况;
- 为银行监管机构评估银行遴选董事会成员和高级管理层所使用的程序提供指导;
- 认识到薪酬体系构成公司治理和激励结构的关键组成部分,通过公司治理和激励结构,银行董事会和高级管理层传达可接受的风险承担行为、强化银行的经营和风险文化。

过去,银行的公司治理主要集中在公司治理结构上。自金融危机以来,重点更多地转向了通过提高董事会效力来实现更好的公司治理。BCBS 希望董事会集体拥有进行适当监督的所需技能和经验,并使管理层真正承担责任。重点在于董事会的效力。

必须指出,董事会的"集体责任"指的是董事会对公司及其所有股东的责任。在其决策过程中,董事会必须本着公司的最大利益,在公司的目标范围内,诚信行事。其应当高效和有效地履行其职责,并以财务责任制的方式经营。董事会的决定是集体决定,对公司有约束力。

BCBS 特别预期董事会在风险治理方面发挥有效作用。例如,预期董事会对银行的监督至少在三个方面是有效的:风险偏好、风险战略、风险监督和文化。

一般而言,《BCBS 原则》更加强调银行董事会和管理层对银行公司治理的所有权和问责。经修订的文本扩展了在银行董事会对集团结构的董事会责任方面的期望,其中一个关键部分是确保子公司银行董事会对当地子公司及其活动的完整性负责,如跨境活动。新增的文本,是为了确保子公司董事会成员监督当地子公司,并充分考虑当地的情况(关于市场和当地法规)而增加的。

国际公司治理网络(ICGN)政策主管乔治·达拉斯(George Dallas)认为,"一个健康的银行体系不仅是监管机构和银行之间有着牢固的关系。资本、债务和权益的提供者之间还必须有一种牢固的关系。我们不应该忘记债权人的作用,因为债权人通常占银行筹资来源的95%左右。"

《BCBS 原则》指出,有关国家已采取措施,改进对银行的公司治理和风险治理的监管和监督。这些措施包括制定或加强现有的法规或指引,提高对风险管理职能的监督期望，更频繁地与董事会和管理层接触，评估提供给董事会的信息的准确性和有用性。

修订后的《BCBS原则》中的其他重点不仅涉及对权益持有人（即股东）的保护，也涉及对债务持有人的保护，还包括关于债权人信息披露的细节。

在履行这些职责时，董事会应考虑到储户、股东和其他相关利益攸关方的合法利益。

最后，扩展后的材料和一项独立的原则明确了监管机构在确保处于其监督下的银行拥有更好的公司治理方面的作用。预期监管机构将不仅仅关注银行的公司治理结构。BCBS认为，他们也应该审视实际的治理行为，进行公司治理评估，并让银行董事会和高级管理层参与解决治理失败的问题。此外，监管机构必须要求董事会和高级管理层对银行的公司治理负责，并与其他监管机构分享公司治理信息。

监管的作用不仅在于评估公司治理，还在于采取行动，同时避免承担董事或影子董事的角色。在不使用任何具体工具的情况下对公司治理做法进行评估是非常困难的。例如，监管机构得出的结论是，某一家银行的公司治理是良好的，以及董事和管理层作出的判断是合理的，依据何在？监管机构可能需要开发特定的工具来更好地评估公司治理。

BCBS原则13是关于监管机构的作用。该原则指出，监管机构应指导和监督银行的公司治理，包括全面评估以及与董事会和高级管理层的定期互动，应要求进行改进和采取补救行动（如有必要），并应与其他监管机构分享有关公司治理的信息。

董事会和高级管理层主要负责银行的公司治理，股东和监管机构应让他们对此负责。这一节提出了几个原则，可以帮助监管机构评估公司治理和促进银行的良好公司治理。

个别银行监管机构已就如何加强防范风险的制度进行了大量研究。英国的监管机构——审慎监管局（PRA）在2014年和2015年发表了一系列文章，其中包括风险和报酬的协调一致、储户和投保人的保护、董事会在公司治理中的责任、银行业个人的问责、银行业非执行董事的做法——所有这些都呼应了《BCBS公司治理原则》中反映的变化。

英国的经验表明，监管机构与银行董事会和高级管理层的接触对银行内部的公司治理有积极的影响。英国监管机构目前正在审查新监管框架的规则。

英国财务报告理事会（FRC）2015年提出了《银行业个人工作者的新监管框架》（加强银行业问责制：针对个人的新监管框架），旨在鼓励有关公司的决策问责，特别侧重于高级管理层，同时力求在所有各级都有良好的行为。

在上述文件之后，很快就出现了另一份文件，其重点是董事会的效力。

良好的治理对于提供一个健全和运作良好的企业至关重要，良好的治理的核心是一个有效的董事会。有效的董事会是指能够了解业务、制定明确的战略、阐明支持该战略的明确风险偏好、监督有效的风险控制框架的董事会，以及有足够的技能、经验和信心，以严格要求执行管理层对该战略的实施负责并在风险偏好范围内进行管理。

1.3 全球投资者观点

金融危机期间，投资者被要求承认他们在实现良好的公司治理方面的作用，并加强与被投资公司之间的接触。自那时以来，全球投资界，通过国际公司治理网络（ICGN）等机构，采取措施和开发工具，帮助投资者及其投资链中的其他投资者履行这一监督作用，并促进他们作为负责任的投资者更好地与公司接触。此外，不同的国家（地区）集团制定了不同的"管理守则"，使投资者（特别是机构投资者）的预期作用和责任正规化。

1.3.1 ICGN 投资者原则

自金融危机以来，私营企业还通过 ICGN 等全球实体，在公司治理方面取得了进展。ICGN 是一个以投资者为主导的机构，约有650名成员，其中2/3来自全球投资界，总共代表了45个国家（地区）管理的超过26万亿美元的资产。

ICGN 的使命是在全球范围内激发良好的公司治理标准。为此，它发布了《全球治理原则》（GGP，2014 年修订），《全球治理原则》认为良好的公司治理有助于发展更强大的公司，供投资者投资。ICGN 认为，提高特定公司的地位将提高市场效率。许多国家或地区要求机构投资者参与公司事务以及依据其股权进行表决。

整个公司治理制度和公司监督的有效性和可信度，取决于机构投资者是否能够明智地利用其股东权利和有效地行使其在被投资公司中的所有权权能。

自最近的一次危机以来，ICGN 正在使其成员（资产所有者和资产管理人）不仅重新关注投资者的权利，而且也关注他们对其受益人和客户的受托责任，以及投资者对公司治理的期望。因此，对 GGP 的修订是意义深远的。GGP 纳入了关于投资者义务和责任的一个新章节。

修订后的《全球治理原则》强调了某些问题，并给出了新的重点。在投资者方面，新的重点是投资者的受托责任、他们在公司治理中建立领导地位的能力，以及他们影响资产管理人和被投资公司采取更好做法的能力。这是根据 ICGN 的一项倡议进行的，该倡议旨在为成员提供机构投资者责任方面的指导（ICGN，2013 年）。

2012 年，ICGN 为其成员引入了一项用于资产和基金管理人的示范任务（ICGN，2012 年）。这项任务要求资产管理人就资产所有者对资产管理人的期望作出承诺。它要求资产管理人积极参与和监督被投资公司的公司治理以及透明度。事实证明，这是一个最强大的工具，并使得与公司在公司治理方面的接触增加。它更加强调投资者的作用，鼓励投资者在被投资公司的公司治理中发挥积极作用。资产所有者可以将一些责任委托给资产和基金管理人以及其他服务提供者，但不能放弃法律责任。正是由于这个原因，资产所有者协助履行其法律义务的任务是非常重要的。

GGP 继续关注投资者可以做些什么来改善公司治理和要求提高董事会的效力。他们还更注重文化和道德、战略和机遇、风险监督、薪酬、报告和审计，这些都是在金融危机中比较突出的问题。

ICGN 2014 年发布了关于全球治理原则——责任的指引，指出资产所有者应通过在基金管理合同（或类似文书）中列出他们的期望，使基金经理的利益完全符合其对受益人的义务，以确保所有权责任在其利益范围内得到适当和充分的履行。这应包括：

①确保考虑投资风险和机遇的时间尺度与客户的时间尺度一致；

②制定适当的内部风险管理方法，有效地管理重大风险；

③有效地将相关的环境、社会和治理因素纳入投资决策和持续管理；

④通过适当的费用和支付结构，有效地调整利益；

⑤在委托基金管理人参与的情况下，确保遵守最高管理标准，确认一系列可接受的管理方法；

⑥确保佣金程序和支付，奖励相关和高质量的研究；

⑦确保投资组合的周转率是适当的，符合预期，并得到有效管理；以及

⑧提供适当的透明度，使客户能够获得对所有这些问题的信心。

1.3.2　管理守则

投资界越来越多地采用守则，以确保他们在要求更好地管理自己、投资业务以及被投资公司方面发挥自己的作用，包括在环境、社会和治理（ESG）活动领域。

ICGN 在一些国家（地区）（加拿大、意大利、日本、肯尼亚、马来西亚、荷兰、南非、瑞士和中国台湾）推行了管理守则，并正在其他国家（地区）制定管理守则。在某些情况下，管理守则会得到法规规定的支持；而在另一些情况下，则不然。

个别国家（地区），如马来西亚、南非和英国，以及个别实体，已制定和发布了自愿的管理守则，用以鼓励投资者参与被投资公司的公司治理。现在评估这些举措的效果还为时过早，但人们的预期是明确的：投资者也有责任在公司治理方面与公司进行接触。

英国于 2010 年推出了《管理守则》，并于 2012 年进行了更新，其认为管理的目的是促进公司的长期成功，从而使最终的资本提供者也能繁荣发展。有效的管理有利于公司、投资者和整个经济。在上市公司中，管理责任是共同分担的。主要责任由董事会承担，董事会负责监督公司管理层的行动。公司的投资者在要求董事会对履行其职责负责方面也发挥着重要作用。

《英国管理守则》的原则4明确指出，签署该守则的投资者（目前约有300名签署人），预期将与其被投资公司就一系列问题进行接触，包括ESG事项。

《英国管理守则》原则4中指出，机构投资者应制定明确的指导方针，说明何时以及如何提升他们的管理活动。

机构投资者应说明他们将积极进行干预的情况，并定期评估干预的结果。无论采取主动还是被动的投资政策，都应考虑采取干预措施。此外，能力不足并不是不进行干预的理由。机构投资者可能想要进行干预的情况包括但不限于，他们关注公司的战略、业绩、治理、薪酬或风险（包括可能因社会和环境事项而产生的风险）方法的时候（FRC，2012年）。

同样，ICGN已发布了一项关于"机构投资者的责任"的自愿性守则，其中包括与被投资公司进行主动接触。

ICGN认为，机构投资者应在适当情况下明智地和主动地与被投资公司就长期业绩的风险进行接触，以提高受益人或客户的利益。

ICGN成员一直在各自的国家（地区）积极与公司就ESG事项进行接触，这一点可以从荷兰70个机构投资者的合作机构Eumedion和英国养老基金联合会（NAPF）的有关评论中得到证明。Eumedion还在每年10月向所有荷兰上市公司发送年度焦点信函，其中包括机构投资者希望在所有荷兰上市公司中进行讨论的具体事项。他们还与公司讨论公司特定的问题，如公司战略、风险管理、公司治理结构、财务报告和可持续性政策的质量、继任规划。Eumedion随后通过起草一份所谓的"ESG概况"来促进参与，其中包含关于公司战略、财务政策、公司目标、公司治理结构、薪酬政策、资本结构、风险管理、可持续性政策的一般信息，以及可以确定最佳做法的地方和有关公司可以改进其业绩的领域。

环境、社会和治理（ESG）是投资者考虑投资于某一公司的持续能力和道德影响的三个关键因素。90%的英国养老基金联合会（NAPF）成员认为ESG因素会对基金的长期投资产生重大影响。

尽管作出了这些努力，但最近的两项研究表明，英国在"遵守或解释"制度下制定的守则比在契约中制定的守则得到了更多的遵循。财务报告理事会（FRC）在审查英国公司治理的时候（FRC，2015年），[①]包括审查《管理守则》的效力，报告了2014年进行并于2015年公布的审查结果。

FRC承认，发展一项管理文化可能需要时间。但是，FRC关注到，并非所有签署人都遵守了他们对《管理守则》的承诺。

一些国家（地区）已将投资者责任纳入了"一般公司治理守则"。

例如，2014年，肯尼亚资本市场管理局（CMA）最终确定了《面向公众的证券发行者公司治理守则》。《公司治理守则》规定的原则之一是机构投资者需要在与被投资公司打交道时具有透明、公正和公平的做法，以促进可持续的股东价值和被投资公司的长期成功。[②]

1.4 欧盟的发展

自2012年以来，在对金融危机进行审查之后，欧盟委员会（EC）在公司治理举措方面有三大重点：①提高透明度；②提高审计质量；以及③确保更强的股东参与，和支持公司的成长和竞争力。[③]

1.4.1 提高透明度

透明度是要完成的第一项举措，这导致对《会计指令》进行了修订，并于2014年4月通过了这些修改（自2014年9月起生效）。《会计指令》增加了对大型公共利益实体（PIEs）公司报告的要求。预计将以非约束性指南的形式发布更多的指南，以促进公司披露非财务信息，同时考虑目前的最佳做法、国际发展和相关的欧盟倡议。

---

① FRC的结果得到了英国投资协会对管理工作进行的一项调查和报告的支持，该调查和报告发现，在过去的一年中，为了应对在公司活动中的更高参与，在资产管理人和资产所有人的管理工作中所使用的资源增长了大约19%。

② 制定了后续的管理守则。

③ 参见欧盟关于公司治理做法的指导（IFC和ecoDa，2015年）。

欧盟委员会 2014 年通过关于大公司和集团披露非金融信息和多样性信息的《会计指令》，规定有关公司将披露关于环境事项、社会和雇员方面、尊重人权、反贪污与贿赂问题、董事会多样性的政策、风险和结果的信息。

鉴于更好地向大公司进行报告的好处，《会计指令》的重点是提供与了解公司活动的发展、商业模式、业绩、地位和影响有关的信息。给予公司足够的灵活性，使其能够以其认为最有用和最适合该公司的方式和风格进行报告。公司可以使用其认为合适的国际、欧洲或国家指南。《会计指令》减轻了中小型企业（SMEs）的关于报告成本的负担。鉴于公司董事会的多样性，规定大型上市公司须提供有关其多样化政策的信息，如：年龄、性别、教育背景和职业背景。

1.4.2 确保审计质量

欧盟委员会还于 2014 年对《法定审计指令》（欧盟委员会，2014c）①及其相关条例进行了修改。作出这些修改是为了加强整个欧盟的审计质量，其中包括：

- 对公共利益实体的审计公司的强制轮换；
- 对审计委员会（或类似委员会）有关监督审计执行情况的新要求；
- 对法定审计师向其 PIE 审计客户提供非审计服务的附加限制；
- 关于法定审计报告的新要求；以及
- 对公共利益实体定义的解释。②

国际审计与鉴证准则理事会（IAASB）等为提高审计质量的全球化努力促成提出了若干举措，以提高审计和审计公司之间的可比性和透明度（参见"2.3.4 审计改革"）。

---

① 关于公共利益实体年度合并财务报表声明的法定审计的《欧盟委员会指令（2014/56/EU）》和《条例（537/2014）》，适用于 2017 年 6 月 17 日之后终了的首个财务年度。

② 2016 年 2 月，欧盟委员会以非正式意见的方式，发布了更多指南，如：《问题与解答：新法定审计框架的实施》。

1.4.3 确保更强的股东参与

欧盟委员会将重点放在多项举措上,以加强股东的权利,和增加股东对公司事务(包括公司治理)的参与。这些举措的实施主要是通过修订 2015 年 7 月通过的《股东权利指令》(欧盟委员会,2014a)来实现的。修改影响到了上市发行人和未在受监管市场上市的大公司,它们涉及以下方面:
- 改善对股东身份的识别;
- 加强机构投资者的透明度规则;
- 股东更好地监督薪酬;
- 股东更好地监督关联方交易;
- 监管代理顾问。

如果没有欧盟的规范,规则及其适用将因成员国而异,这将损害欧盟的公平竞争环境。如果不在欧盟一级采取行动,问题就可能持续存在,只有部分和零碎的补救办法可能会在国家一级提出。

欧盟尚未完成对其寻求的公司治理的改革。它宣布了即将进行的改革将侧重于以下方面:
- 提高投资者的长期焦点;
- 改善公司治理与市场发展之间的关系(欧盟委员会,2015 年),特别是中小型企业的发展,这可能导致公司治理要求适用于非上市公司;
- 加强"遵守或解释"下所要求的解释的质量和严格性;以及
- 让股东更全面地参与公司治理。

由于《股东权利指令》需通过欧盟内部复杂的立法程序,该指令的提案引起了许多讨论和修订。一旦完成了这一过程,读者就可以查阅该指令的最终文本了。同时,本书下文还将对该指令提出的关键问题进行讨论。

1.4.3.1 改善对股东身份的识别

随着公司更多地关注与股东打交道,人们期望这些股东将更加积极地监督他们的投资。股东参与的最佳做法不仅仅是每年一次出席股东大会并进行表决。股东参与应包括股东和公司之间就公司治理、战略、业绩、风险、公司筹资结构等具有长期影响的关键问题进行良好和定期的对话。然而,这要求提高股东的透明度,特别是通过中介机构持有的股份。公司需要知道它在与谁打交道。

现行规定要求投资者在获得公司5%的表决权时必须遵守透明度要求。然而,公司并不总是能够识别出低于这一门槛的股东。《股东权利指令》草案包括促进确定股权和股东身份的规定,包括应向公司及其股东提供股东身份信息,以及公司应就持有0.5%以上股份的股东名单(如有),规定合理的费用。

《股东权利指令》的规定将大大改善包括散户股东在内的所有股东行使股东权利的情况。当上市公司与股东之间存在多个中介机构时,就会产生许多问题,特别是在这些中介机构位于不同的成员国的情况下。该提案将要求中介机构将表决信息从股东传送给公司,并向股东确认表决结果。这样股东可以确信,他们的表决已经有效,包括跨境表决。

1.4.3.2 加强机构投资者的透明度规则

机构投资者持有在欧盟市场上市的大部分股票(在某些情况下甚至超过一半),但在金融危机爆发之前,他们在参与公司监督和参与公司治理方面明显缺席。欧盟委员会在2010年和2011年的研究中指出了资产所有者和资产管理人的不同利益和行为。该研究还指出,当资产由资产管理人管理时,出现短期投资前景的可能性更大。资产所有者(养老基金、保险公司及其他)倾向于持有更符合受益人需求的长期观点,并且更有可能与公司就长期回报战略进行接触,这可以将股票回报率提高7%。

在2015年的一次欧洲董事协会联合会(Ecoda)的主题演讲中,欧盟委员会司法与消费者总司代理司长耶伦·胡伊耶尔(Jeroen Hooijer)解释了起草《股东权利指令》的依据,他还介绍了《股东权利指令》的主要特点。耶伦·胡伊耶尔指出,"除了委员会进行的所有磋商外,不同的研究还表明,随着更多机构投资者的参与,股票回报可以提高7%。参与是指对公司战略、业绩、风险、资本结构和公司治理等事项的监控,并与公司就这些事项进行对话,以及在股东大会上进行表决。"

为了鼓励这种参与,该指令要求机构投资者在其投资战略中披露如何将受益人的长期利益考虑在内,以及解释他们如何激励投资链中的资产管理人和其他人为机构投资者的最佳长期利益服务。资产所有者和资产管理人必须解释他们是如何在"遵守或解释"的基础上与被投资公司打交道的。

1.4.3.3 股东更好地监督薪酬

近年来，高管薪酬与公司业绩之间出现了重复的不匹配。薪酬政策和高管薪酬不透明，以及没有充分激励公司改善管理和业绩。2014 年对欧盟成员国做法的一次调查显示，"只有 13 个欧盟成员国赋予了股东'薪酬话语权'……只有 15 个成员国要求披露薪酬政策"。拟议的指令旨在薪酬与公司业绩之间建立更好的联系。它认为，要追究管理层对公司长期业绩的责任，股东需要有关薪酬的信息和对薪酬提出质疑的权利，尤其是在业绩结果不合理的情况下。

然而，由于该指令需通过欧盟的立法程序，就这一特定议题进行大量讨论，并且在编写出版物时，仍需要对其进行修订。截至 2015 年年中，该指令包括以下要求：

- 薪酬报告应作为公司治理报告的一部分，并向股东报告以下事项的详情：
  - 公司如何决定董事的薪酬；
  - 薪酬委员会的作用和职能。
- 成员国应制定一项政策，规定将公司的薪酬政策提交至股东大会进行具有约束力的表决，但每个国家可在股东大会上仅就薪酬政策咨询进行表决。
- 报告应至少每三年在股东大会上表决一次。

在许多公司治理条例允许通过"遵守或解释"制度实现灵活性的情况下，人们对依据法律制定"薪酬话语权"背后的理由进行了许多探讨。委员会认为，在可能存在利益冲突的情况下，需要采取更有力的立场，从而在这一领域引入法律。

1.4.3.4 股东更好地监督关联方交易

欧盟委员会的指令包括对关联方交易采取强有力行动的建议。公司与其管理层、董事、大股东或控股股东、同一集团内的其他公司之间的关联方交易，有可能造成对公司、资产和小股东的损害。

为了确保对股东利益的充分保护，该指令提高了关联方交易的透明度，并提高了此类交易的批准中独立第三方的参与的透明度。该指令部分要求成

员国规定关联方交易的具体规则,包括:
- 明确关联方和关联方交易的定义;
- 代表超过公司资产5%的关联方交易,或对利润或营业额有重大影响的交易,应提交股东大会进行表决;
- 在股东对关联方交易进行表决时,应当将有利益冲突的股东排除在表决之外;
- 股东表决(如上)应当在交易缔结前进行;
- 代表超过公司资产1%的关联方交易,应当在交易缔结时予以公告。此类公告因附有一份独立第三方(公司的监管机构、独立第三方或独立董事委员会)的评估报告,用来评估关联方交易的条款和条件及其公正性和合理性;
- 对于与全资子公司之间的关联方交易,以及超过公司资产5%和1%的经常性关联方交易,应使用特殊的排除情况/条件。

目的是让小股东有机会驳回不符合其利益的重大关联方交易。对于关联方交易而言,"重大"的含义很可能由国家监管机构或公司界定,但《国际内部审计准则委员会框架》提供了以下一般定义:"如果漏报或误报可能影响使用者根据财务报表作出的经济决定,则认为该信息是重大的。"

这些关于关联方交易的规定一直很有争议。特别是一些成员国,如德国和芬兰,反对股东对重大关联方交易进行表决。因此,这些规定预计会变得更弱,并将允许成员国自由解释它们将如何对关联方交易采用小股东表决。

1.4.3.5 监管代理顾问

《股东权利指示》的另一个焦点是代理顾问,他们建议股东如何依据其股份进行表决,所以他们的权力很大。该指示要求代理顾问"保证他们的表决建议是准确和可靠的,并且是基于对他们所掌握的信息的透彻分析作出的"。代理顾问在准备其表决建议时,将在其网站上披露的事项主要包括:
- 他们使用的主要信息来源;
- 是否考虑到国家市场、法律和监管条件,以及在考虑的情况下,如何考虑国家市场、法律和监管条件;
- 是否与其表决建议所针对的公司进行对话,以及在进行对话的情况下,对话的范围和性质;

- 参与准备表决意见的工作人员总数；
- 上一年提出的表决意见总数。

这类条例的重点是代理顾问向其客户所作的披露，并将包括披露代理顾问的任何利益冲突。这再次引起了有争议的讨论和不同的观点。法国特别希望加强对代理机构的监管。

欧盟委员会认为，代理人在股东参与中发挥着重要作用。委员会正在寻求高质量、准确和可靠的建议。

对这些条例背后的理由有不同的解释。有一种观点认为，《股东权利指令》中的一些规定，与其说是为了让公司拥有更好的公司治理，不如说是为了让公司更值得信赖和更负责任（更重要的是改进监管体系）。

我们可能正在经历公司治理条例和守则重点发生转移的早期阶段。在此之前，公司治理条例和守则专注于在公司内部制定良好的做法。现在，人们似乎更加重视健全、良好的市场监管和公司的发展。公司不能再只关注内部问题。因为，公司是社会不可分割的一部分。

1.4.4 支持公司成长和竞争力

欧盟委员会于 2015 年 2 月发表了一份关于资本市场联盟协商的绿皮书，其中指出了下列可能直接或间接影响公司治理的问题，以供审议：
- 小股东保护；
- 董事会的效率；
- 公司法和公司治理的数字化；[①] 以及
- 深化资本市场一体化的公司法或公司治理中的障碍，以及考虑如何克服这些障碍。

欧盟委员会紧接着于 2015 年 9 月发布了一份关于这些事项的行动计划。委员会计划中旨在支持公司成长、竞争力和通过更好的公司治理促进就业的其他发展尚未得到充分考虑。它们包括：

[①] 未来可能发布的关于公司法和公司治理的数字化的倡议，可能涵盖数个领域，例如：在线公司注册、文件的电子传输、公司利益攸关者电子表决系统、数字化决议，以允许获取关于欧洲公司及其结构的更多有意义和综合的信息。

● 改进框架,提高成员国内部和跨境公司的效率和效力;

● 促进适用于中小型企业的公司治理的法律形式(设立了一个专家组来研究这个问题);以及

● 欧盟公司法的协调与编纂。

最后,在欧洲,建立数字单一市场的战略正处于早期发展阶段。该战略有三大支柱:

● 让消费者和企业更好地获得欧洲各地的数字商品和服务;

● 为数字网络和创新服务创造正确的条件和公平竞争环境,用以促进其繁荣;以及

● 最大限度地发挥数字经济的增长潜力。

这一战略可通过要求公司在数字化和数据保护方面提高透明度而影响公司治理。它还可能要求为股东进行电子表决提供便利。

1.4.4.1 向长期股东提供额外福利的提议

在拟议的欧洲《股东权利指令》中,其中有一个问题是如何激励股东的长远角度。法国根据 2014 年出台的《弗洛朗热法》,自 2016 年起自动授予登记超过两年的股东双倍表决权,除非 2/3 的股东投票推翻这一规定。在荷兰,荷兰最高法院规定,公司有权向持有一定时间股份的人提供忠诚股份,以促进长期持股,从而也为公司提供了股东稳定性。

然而,其他国家认为这是一种市场扭曲,违反了普遍接受的"一股一表决权"的同股同权原则。因此,许多国家并不认为这是他们要使用的方法。这一概念有几个尚未解决的问题:

● 如何界定"长期观点";

● 确定适当的长期持有期限;

● 确定个人投资者/股东频繁进出的基金中的长期投资者/股东,但资产管理人可能不变;

● 确定股票出借的长期前景;以及

● 确定"更长期"持有股票的适当激励措施。

那些反对以这种方式激励长远角度的人认为,这很容易受到控股股东的严重滥用,就像雷诺所发生的那样。因此,与短期主义相比,确保长期观点确实需要明确的措施,以实现预期的结果,而不是意外后果。人们关注的焦

点是董事会的角色和股东的角色之间的冲突。

1.4.4.2 需要平衡影响公司治理的所有举措

影响公司治理和透明度的举措目前在欧盟处于动荡状态。泛欧法规可能无法充分认识到个别成员国的特殊问题和多样化问题。要平衡地认识到股东参与和行使股东权利的成本,就应该谨慎地权衡更多参与的好处。过度监管可能会导致股东过多地干预公司,并扼杀创新和增长。在这些领域应谨慎行事。

例如,法国政府在 2015 年雷诺公司的年会上成功否决了一项股东决议,该决议意图阻止法国政府根据最近颁布的一项法律获得该公司的双倍表决权,和收紧对汽车制造商和国家最新举措的掌握,以维持其自身对公司事务的主张。

该决议遭到了法国经济部长埃玛纽埃尔·马克龙(Emmanuel Macron)的反对,该决议试图保留目前的"一股一表决权"治理制度。该决议需要得到雷诺公司股东 2/3 的多数赞成票才能通过,但是该决议最终未获通过,仅得到了 60.5% 的赞成票。

约旦证券委员会主席兼秘书长 Mazen Wathaifi(马赞·瓦塔菲)认为,"我认为公司治理标准应该是平衡的。如果采取更严格的措施和更多的控制,我们会扼杀企业家精神和管理创新。"

1.5 北欧公司治理的发展

研究表明,丹麦、芬兰、挪威和瑞典这四个北欧国家建立了一套独特的公司治理模式,其在确保股东参与和长远角度方面取得了成功,欧盟委员会正在争取在拟议的《股东权利指令》中纳入这种模式。

北欧模式与加拿大、英国和美国普遍采用的单层模式有着明显的不同,在单层模式下,股权分散是一种常态,也不同于使用德国传统模式的国家通常采用的双层模式(见表 1-2)。

表1-2　　　　　　北欧模式与单层和双层模式的比较

	单层模式	北欧模式	双层模式
所有权层级	总经理	总经理	总经理
监督和控制层级	监事会	董事会主席	董事会
执行层级	管理委员会	执行管理层	主席和首席执行官

北欧模式允许大股东进行有效的控制和承担公司的长期责任。这种制度的所谓风险，即：控股股东可能为了自己的利益而在损害小股东的利益的情况下滥用其权力，是通过完善小股东保护制度而得到有效遏制的。其结果是一种治理模式，它鼓励强大的所有者在长期参与公司治理方面投入时间和金钱，以促进其自身的利益，同时为公司及其所有股东创造价值。

北欧模式似乎运作良好，即使在拥有控股股东的公司中也是如此，这很可能是因为它还得到了一系列法律中规定的小股东严格保护制度的支持。支持北欧模式的法律规定主要包含以下内容：

- 在各级别平等待遇的原则，禁止任何公司机构采取任何以牺牲公司或其他股东利益为代价向某些股东提供不正当好处的行动；
- 个人股东积极参与股东大会的广泛权利；
- 对股东大会决议的表决必须达到全体一致的多数表决要求，特别是对小股东利益有潜在损害的股东大会决议；
- 在股东大会上推动某些决议的小股东权力，特别是关于股东经济权力的事项；
- 严格按市场条款处理关联方交易的规定；以及
- 对股东、资本市场和整个社会要求的普遍较高的透明度。

例如，瑞典有着大多数瑞典上市公司被少数大股东控制的传统。这一情况在最近有所减弱，但仍构成其目前公司治理模式的基础。瑞典在保护小股东权益方面做得很好，并且它倾向于为具有长期观点的股东提供更多的权利。

在瑞典，股东还在遴选董事会提名人方面发挥一定的作用，并在提名小组中担任一些角色。

提名小组不像其他公司治理模式那样由独立董事组成。相反，提名小组通常包括四名大股东。因此，在董事会任命方面，任何控股股东都必须获得提名小组中至少两位股东的支持。提名小组倾向于从长远的角度看待公司，并相应地推荐董事会任命人选。

北欧解决方案明显不同于这两种更广为人知的模式。北欧模式既不是这两者的混合体，也不是这两者之间的妥协。相反，它与这两者在以下三个基本方面有所不同：

- 它将几乎所有的权力分配给股东大会多数股东，并将这一机构置于一个分级指挥链的顶端，在这个分级指挥链中，每个公司机构都严格从属于下一个上级机构。
- 它赋予董事会在其任期内管理公司的深远权力。但股东仍可随时罢免董事会，而无须说明理由，从而确保股东大会得到明确的服从和对股东的严格负责。
- 它明确区分了非执行董事和执行管理层的职能，在任何时候均由董事会全权任命和罢免，再次产生一个严格的等级制度，以确保问责制。

1.6 全球问题总结

在影响公司治理环境的国家环境和其他全球论坛上已经采取了许多良好的举措，对以下问题进行了修正：

- 公司治理守则和条例重点的重大转变，以考虑其对资本市场的作用和影响，而不仅仅是对单个公司的作用和影响；
- 投资者和管理层需要从长远的角度看待公司事务，以及这种观点的驱动因素，特别是在战略、业绩、薪酬激励和为所有利益攸关方创造价值方面；
- 在公司治理的某些领域加强监管，而不是自愿性守则，以确保适用，同时兼顾公司多样性对灵活性的需要；
- 认识到商业模式和控股股东的存在对公司治理的影响；
- 要求公司提高透明度和提供更好的信息，特别是关于治理和董事会效力、关联方交易、公司战略、风险、业绩和公司文化的信息；

●监管机构需要监控和执行公司治理守则和做法；

●认识到投资者在公司治理框架中的作用，以及股东参与公司事务和公司—投资者沟通的必要性。

强有力的公司治理标准在两个方面有助于提高生产力。首先，使股东能够控制企业，而股东价值可以通过提高企业的生产力而最大化。其次，通过调整公司管理人员和所有者的激励机制，限制了投资者的风险，激励了更高水平的投资，并降低了企业的资本成本。公司治理的关键是股东能够透明地获得及时和准确的信息，管理层对强大和独立的公司董事会负责，以及审计师的独立性。除了正式的标准外，非正式的行为规范在企业的运作方式中也起着至关重要的作用。企业领导人的高道德标准有助于建立信任，从而降低资本成本和合规成本。

1.7 趋势和未来发展

OECD 关于公司治理发展的工作正在进行中。预计将包括更多同业审查和对世界银行和区域圆桌会议所使用的相关公司治理评估方法的修正，以促进使用新的《公司治理原则》和支持公司治理改革。

监管机构将加强对公司治理的监控和审查，并可能需要新的制裁或权力，以便能够要求在公司治理方面采取补救行动。例如，银行监管机构可能希望在银行执行公司治理变革时，限制银行活动或征收额外的资本或流动性费用。

对于投资者来说，下列问题将继续影响投资者的思想：

●小股东权力。投资者将继续关注长期股东的双倍表决权等事态发展，因为这将不利于少数股东。

●引入管理守则，投资者管理，以及投资者作为积极和负责任的公司所有者的角色。例如，在肯尼亚、马来西亚和英国，将继续制定管理守则。

●文化、风险和可持续性问题在投资决策中的作用。

●报告投资者对公司的需求和要求。

第 2 章
公司治理发展：做法及问题

金融危机凸显了公司治理原则与公司治理之间仍然存在的差距，尽管公司治理条例、框架、守则和标准已经得到了实施和实践。OECD 的结论是，金融危机在某种程度上可归因于公司治理安排的失败和弱点。它确定了需要改变的四个领域：

- 董事会的效力和做法；
- 控制环境和风险监督与管理；
- 透明度和披露；以及
- 股东权利。

巴塞尔银行监管委员会的研究和戴维·沃克（David Walker）在英国的研究表明，公司治理的实际实施和有效性是不充足的。

公司治理守则通常是"软法律"，很大程度上是因为公司治理要求一定程度的灵活性，使得良好做法可以适用于不同行业、不同市场和处于不同发展阶段的公司。通常，公司被允许遵守或解释。最近，一些国家正在转为命令公司在那些有必要和重要的公司治理领域遵守法律，而其他公司治理事项将继续由公司治理守则约束。

本章将介绍公司治理的具体做法和发展，以评估董事会、小股东权利、控制环境、披露和透明度、对良好治理做法的承诺等领域的公司治理风险和机遇。以下是已查明需要改进的具体领域：

- 需要运作良好、有效的董事会，导致对多样性、董事委员会、董事会评估和薪酬的要求发生变化；

- 加强风险治理,以确保董事会在风险和合规、风险文化、风险偏好和与风险相关的行为要素中的作用更加明确(更好的风险治理应包括更加注重内部控制系统和内部审计职能);
- 要求增加透明度和披露,包括对环境、社会和治理报告、综合报告、定期报告、审计报告进行改革;
- 需要在关联方交易和受益所有权透明度方面加强股东权利;
- 需要对公司治理和便于进行更好的公司治理的适当企业文化作出全面承诺。

2.1 董事会的效力和做法

法律、法规和守则为董事会行为提供了指导。然而,最终仍要由每一位董事和董事会的所有董事集体作出贡献,发挥良好的作用,以及有效地履行其义务。

履行这些义务的董事会结构和程序在国家内部和国家之间各有不同。要成为一个有效的董事会,没有单一正确的方法,因此,关于这一问题的建议主要是指导性的,而不是规范性的规则,即来自监管机构和私营实体的指导。例如,负责监督英国公司治理的财务报告理事会(FRC),发布了关于有效董事会的指导意见。

2015年,时任美国证券交易委员会主席路易斯·阿奎拉尔(Luis A Aguilar)指出,"对强大的公司治理至关重要的是它的执行者——董事会。作为受托人,所有义务都明确地指向一个首要义务,即忠实地代表股东的利益。为此,董事会对公司的执行管理和总体方向负有重大的监督责任。作为董事,你们在为顶端定下适当的基调方面扮演着关键角色,被期望成为公司资产的守护者,并被股东和资本市场所依赖。"

FRC 在关于董事会效力的指南中指出,一个有效的董事会能够发展和促进其对公司的宗旨、文化、价值观和在经营中希望促进的行为的集体愿景。尤其是它能够:

- 为管理提供指导；
- 展示道德领导力，展示并在整个公司推广，符合其为组织所界定的文化和价值观的行为；
- 创建一个绩效文化，在不使公司遭受价值破坏风险的情况下，推动价值创造；
- 以清晰的业务视野为基础，作出信息灵通和高质量的决策；
- 为帮助董事履行其在《公司法（2016）》或其他相关的法定制度和监管制度下的法定职责，制定适当的框架；
- 负责，特别是对提供公司资金的人负责；
- 仔细考虑其治理安排，并对其有效性进行评估。

除了银行业特有的风险外，银行董事还需要关注任何组织所面临的各种内部和外部风险。相较于大多数行业，银行受到更强烈的公众监督，尤其是在金融危机之后，因此相较于低知名度行业的公司的董事，它们的董事在个人声誉方面承担着更大的风险。

现有的许多指南一般适用于所有公司。其他指南，如IFC的《银行董事指南》，特别侧重于公司治理的子集。公司治理守则等文件提倡良好做法，同时允许灵活应用。

本章重点描述在四个关键领域中促进董事会效力的最新进展：①董事会的组成，包括董事会的多样性；②当前涉及董事会效力的指导性文件如表2-1所示，董事委员会董事会有效运作中的作用；③董事会评估；以及④薪酬。

表2-1 董事会效力指导性文件

国家（地区）	发布机构	指导性文件	发布年份
全球	IFC	《焦点11：银行董事指南》	2013
澳大利亚	澳大利亚证券交易所（ASX）	《公司治理原则2：组建董事会以增加价值》	2014
加拿大	皇冠公司	《评估董事会效力》	2008
爱沙尼亚	波罗的海公司治理研究所（BICG）	《关于董事会效力的指导意见——国有企业》	2013
拉脱维亚	BICG	《关于董事会效力的指导意见——国有企业》	2013

续表

国家（地区）	发布机构	指导性文件	发布年份
立陶宛	BICG	《关于董事会效力的指导意见——国有企业》	2013
英国	FRC	《关于董事会效力的指导意见——国有企业》	2011
英国	英国保险业协会（ABI）	《关于董事会效力的报告》	2012

公司治理永远不会停滞不前。人们对董事会的期望一直在不断变化，尤其是在竞争激烈和动荡的时代。十年前可接受的行为现在常常被认为是截然不同的。

2.1.1 董事会效力：组成和多样性——适当的组合

公司治理改革也在继续演变。对金融危机的审查发现，除其他问题外，一些银行董事会主要由男性组成，在组成或思维上不够独立或多样化。斯宾塞·斯图尔特（Spencer Stuart）的一项调查显示，董事会中的独立董事人数有所增加。例如，独立董事占瑞士董事会的88.3%，瑞典董事会的62.0%，南非董事会的58.1%。新兴市场的董事会中独立董事的比例较低，如俄罗斯（35%）和土耳其（33%）。

同时，仅靠独立性和金融业专业知识是不够的，可以通过有不同专业学科和观点的董事来提供协助。董事会的目的是管理和决策，因此其组成应支持独立、客观判断的运用。一个好的董事会能够倾听、贡献、挑战，并在必要时向后推动。在许多国家（地区），高质量、独立的决策是以一些公认的良好做法为基础的：

- 单层董事会制度中执行董事和非执行董事的平衡；
- 足够数量或固定比例的独立董事；
- 董事会组成的多样性；
- 能力，确保董事和董事会集体拥有适当的知识、专门知识和经验，包括使用董事会经验和技能矩阵；以及
- CEO和董事长的角色分离。

最好的董事会也都是最多样化的董事会。它们可以为CEO提供具有深度

和广度的洞察力、视角和经验，而非多样性的董事会根本无法做到这一点。当提到多样性时，提到的不仅仅是年龄、种族和性别的多样性，还包括技能、能力、哲理和生活经历的多样性。

2.1.1.1 董事会效力：组成和承诺

董事会的组成被视为一个关于能力和多样性的问题。在全球范围内，着眼于董事会任命和董事会组成的公司，现在考虑实体活动的规模和性质，并寻找适当数量的具有一系列相关和多样化技能、专门知识、经验和背景的董事。它们还寻找能够理解组织业务中出现的问题、提供洞察力和增加价值的董事。

根据董事会的需要，仔细考虑董事会所需的技能和经验的类型是很重要的。当今环境下需要的背景包括：

- 特定行业知识
- 执行领导力
- 财务专长
- 全球经验和联系
- 经营/商业模式
- 治理/委员会经验/管理
- 战略发展
- 风险管理
- 技术/IT/社交媒体/IT 安全
- 营销/公共关系
- 企业社会责任
- 政府关系
- 人力资源和报酬
- 兼并和收购

委任能够作出积极贡献的董事，是董事会效力的关键因素之一。如果董事们拥有合适的技能，更有可能作出正确的决策，并最大限度地扩大公司长期成功的机会。这包括技能、经验、知识和独立性的适当范围和平衡。非执行董事应具备对董事会有价值和与公司面临的挑战相关的关键技能。

根据德勤 2012 年公司治理中心与公司秘书协会的一项调查显示，董事们认为，行业经验是董事在不久的将来为董事会的成功和效力作出贡献的最重要技能或经验。普华永道2015年对董事会成员的调查显示，被调查的董事认为财务专长（91%）、行业专长（70%）和运营专长（66%）是最有价值的三项技能。

重要的是，一些董事会成员在公司的行业领域积累经验，使得他们了解公司经营的竞争环境，并拥有提出管理行业特定问题的能力。

有效的董事会是运作良好、治理良好的公司治理结构的核心。

技能和经验只是故事的一半。个人特点也很重要，有助于建立团队动力。个人特点既可以是创造性的，也可以是生产性的，但在不利的情况下也可能具有破坏性。对于董事会来说，明智的做法是考虑个人互动和每个人的正直、勇气、战略观点、创新和分析思维、沟通技巧、责任、影响和指导能力、积极参与董事会和成为团队成员的意愿。

修订后的巴塞尔银行监管委员会的《公司治理原则》（BCBS，2015年）强调了董事会集体能力和董事会成员个人义务的重要性，董事会成员应投入足够的时间执行其任务，并随时了解银行业的发展情况。BCBS要求董事会作为一个团体是"恰当的"和"合适的"。

其他研究表明，有效的董事会现在比以前花费更多的时间在讨论上，以此来更好地理解公司、行业和战略。麦肯锡2013年的一项研究指出，与金融危机前相比，高影响力的董事会和董事每年投入更多的时间，特别是在战略、业绩管理、兼并和收购、组织健康和风险管理方面。

2.1.1.2 董事会效力——多样性

自金融危机以来，人们关注的焦点也是董事会组成的多样性（以便实现思维的多样性），以及能力、行为和经验的多样性。由于西方大多数董事会都是由中年白人男性组成的，所以多样性争论的焦点是女性对董事会的贡献，更有争议的是，人们认为有必要为董事会中的女性人数规定配额。

多样性领域包括年龄、种族、性别、文化经历以及国家和国际经验。在接受普华永道2015年调查的董事中，49%的人认为增加董事会的多样性非常重要，45%的人认为这会提高董事会的效力。股东和利益攸关方要求朝着更具性别代表性的董事会改变，在一些国家，已经设定了配额或目标（见表2-2）。

表 2-2　　　　　　　　　　性别配额或目标

国家	配额/目标（%）	实现（预计日期）	当前数字（%）
比利时	33	2017	15
法国	40	2017	25
意大利	20	2013	11
荷兰	30	2015	19
挪威	40	2008	39
西班牙	30	2020	13.5
英国	25	2015	18

例如，挪威法律要求所有员工人数超过 5000 人的公司至少有 40% 的董事会成员是女性。该法自 2006 年 1 月起实施，对 2008 年 1 月以后的不遵守行为实施制裁。

例如，在摩洛哥，中央银行（马格里布银行）的一项指令要求至少 1/3 的董事会成员具有独立性，董事会的组成能显示专门知识的多样性和性别的多样性。[1]

- 董事会多样性的好处

最近的研究表明，所有种类的多样性，包括人才，都与思想的多样性和更好的经营业绩有关。更具体地，加拿大咨议局的一项研究（卡特和瓦格纳/Carter and Wagner，2011 年）表明，包括女性在内的董事会多样性与更好的经营业绩挂钩，例如：

- 强劲的财务业绩；
- 具有吸引和留住优秀人才的能力；
- 加强创新；
- 增强顾客/客户洞察力；
- 在非财务指标方面的强劲业绩；以及
- 提高董事会的效力。

---

[1] 马格里布银行"关于信贷机构的治理"的指示（第 5-10 条 D No.1/W/2014），2014 年 10 月。

这些发现得到了瑞士信贷研究所 2012 年的另一篇广泛研究报告的支持，该研究报告表明，在过去六年间，董事会中有女性的公司的股本回报率一直更高。关于增加董事会中女性人数的论据（巴特和麦昆/Bart and McQueen, 2013 年）包括以下内容：

- 作出影响公司、行业和国家的决策的董事会，其中一半成员是女性。重要的是这些董事会与他们的顾客、客户和消费者相关。
- 不同的年龄、种族、性别和文化经历可以带来不同的观点。
- 董事会的多样性可以使公司能够获得更多具有适当技能、能力和经验的董事会人才。
- 专家指出，女性对风险有不同的方法和反应，更独立，更频繁地持有长期观点。
- 董事会和高级管理层中的女性可以建立更好的工作关系，作出更好的决策，因为她们问的问题更多。

关于董事会中女性人数的两项关键调查（瑞士信贷研究所，2015 年；摩根士丹利资本国际，2014 年）表明，女性在董事会中的地位正在发生变化，但这种变化缓慢，差异很大。增长主要出现在监管提出要求的市场或为改变设定了目标的市场。根据摩根士丹利资本国际 2014 年的调查显示，女性占全球所有董事职位的 17.3%。但相矛盾的是，在新市场专注于良好公司治理的巴西，女性仅占受调查公司董事的 6.0%，低于新兴市场平均水平 8.8%。

南非 2013 年在 59 家公司的董事会中女性占 17.9%，此后增长到了 20.0% 以上。在南非，公司必须披露高级管理层中女性雇员的比例。根据欧盟委员会 2013 年的一份概况介绍，在罗马尼亚上市的最大型公司的董事会成员中，女性占 11.9%，在保加利亚证券交易所市场指数（SOFIX）上市的公司的董事会成员中，女性占 11.6%。这两个比例都低于当时欧洲董事会中的女性平均人数。

2.1.2　董事会效力：董事委员会

公司治理框架广泛使用了董事委员会。因此，本章只关注最近出现的新的、更好的做法。

在大多数国家（地区），法律和法规允许董事会成立董事委员会，以更有效地处理董事会的工作量，以及在董事会工作领域应用特定的专门知识。然而，尽管董事会可以利用委员会来协助审议特定问题，但董事会仍将对最后决策负责。

在 2015 年修订《公司治理原则》时，OECD 将独立非执行董事和董事委员会的作用更紧密地联系在一起，特别是在有潜在利益冲突的情况下。

在公司董事会中的女性人数方面，美国落后于许多欧洲国家，包括一些没有董事配额的国家。

随着市场全球化、监管变得更加复杂和公司的增长，董事会需求也在持续增加。利用董事委员会可以是应对这些挑战的一个有效方法。显然有必要将监督任务授权给专门的董事委员会。适当的委员会应支持董事会完成以下工作的能力：

- 通过使专业人士能够专注于具体领域和提出董事会建议，更有效地处理更多的问题；
- 培养公司经营方面的专门知识，如财务报告、风险管理和内部控制；
- 加强审计委员会判断的客观性和独立性，使其免受管理人员和控股股东的潜在不当影响，在薪酬、董事提名和监督控制等关键领域。

2.1.2.1 董事委员会的良好做法

已经形成和正在使用以下董事委员会的良好做法：

- 设立董事委员会以促进董事会运作的权利，可在公司法、条例、守则或公司章程中找到。
- 有些国家（地区）的一些委员会是法律或法规规定的（例如，审计委员会）。

OECD 原则 6 指出，董事会应考虑设立专门委员会，以支持整个董事会履行其职能，特别是在审计方面，以及在风险管理和薪酬方面（依据公司的规模和风险预测）。在设立董事委员会时，其任务、组成和工作程序应由董事会明确规定和披露。

在公司规模和董事会规模合理的情况下，委员会的使用可以改善董事会的工作。为了评估董事委员会的优点，重要的是要让市场全面清楚地了解它们的目的、职责和组成。在董事会已经设立了独立的审计委员会的许多国家

(地区)，这些信息特别重要，这些审计委员会有权监督与外部审计师的关系，以及在许多情况下独立行事。审计委员会还应能够监督内部控制系统的有效性和完整性。其他此类委员会包括处理提名、报酬和风险的委员会。设立额外的委员会有时有助于避免审计委员会负担过重，并使董事会有更多的时间专门处理这些问题。然而，董事会其他成员和整个董事会的责任应该是清晰的。披露不需要延伸到用于处理机密商业交易等的委员会。

- 每个董事委员会都有一份董事会章程。在公司网站上展示此类章程，并加入对委员会的目的、职责和责任、任务和组成（包括所需的成员专门知识）的讨论。此类章程还将提供关于委员会程序的信息（如法定人数、会议通知、会议记录和报告责任）。

- 经常使用委员会的领域包括审计、董事会提名、公司治理、薪酬和风险。在一些国家（地区），董事委员会在战略或其他领域的地位不太明显。然而，在法国，约60%的公司设有战略委员会。风险委员会的普遍程度也在增加，全球22%的公司现在都设有一个董事会级别的风险委员会；在新加坡，42%的公司设有风险委员会，而且在金融机构中，董事会级别的风险委员会的存在率甚至更高，有67%的金融机构设有独立的风险委员会。

- 有麦肯锡2013年的调查表明，有些董事会设立了企业社会责任（CSR）或道德委员会。例如，44%的法国公司设有道德/企业社会责任委员会。

- 大多数委员会被规定由三名或三名以上的成员组成，其中至少大多数是独立、非执行董事。

- 董事委员会的领导通常是独立、非执行董事。

- 委员会的任务、程序、业绩和责任在委员会章程中作了概述。

- 委员会成员应有权获得适当的支持、相关人员、信息、咨询和专业发展，以协助他们的工作。

- 应每年对委员会的工作和个别董事对委员会的贡献进行评估。

- 委员会成员以外的其他董事和管理层可应邀出席委员会会议，并定期或不时地提出或阐述问题。此类与会者仅具有观察员身份，不应参与委员会决策。

重要的是，董事委员会不应导致以下情况：

- 董事会的分裂；
- 篡夺董事会或管理层的权限和责任；以及
- 承担管理层的日常任务。

通过为每个委员会制定明确的章程和任务、使相关委员会成员了解其角色及角色限制、定期向董事会报告，董事会可以防止董事委员会陷入这些陷阱。

2.1.2.2 审计委员会的发展

OECD 对发达成员国（地区）和新兴市场国家（地区）的研究表明，大多数国家（地区）现在都要求设立一个独立的审计委员会。传统上，审计委员会一直是公司治理监管的重要组成部分，现在超过 2/3 的国家（地区）要求上市公司设立一个独立的审计委员会。然而，对其工作重要性的强调有所增加。在巴西、加拿大、捷克共和国、芬兰、爱尔兰、意大利、墨西哥、瑞士、土耳其、英国和美国，要求或建议审计委员会的成员 100% 是独立成员。

《欧盟指令》（2006/43/EC）规定的审计委员会的主要作用包括：

①监控财务报告程序；

②监控公司内部控制、内部审计（在适用情况下）和风险管理系统的有效性；

③监控对年度财务报表和合并财务报表的法定审计；以及

④审查和监控法定审计师或审计事务所的独立性。

庞贝捷工业公司审计委员会主席米歇尔·胡珀（Michele Hooper）指出，"我认为，大多数审计委员会都认识到，它们对财务报告程序和外部审计师负有更多的监督责任，并且它们正在承担这一责任。它们更多地参与它们的工作和与审计师的互动。审计委员会的议程已经扩大，我们正在与外部审计师、内部审计师和首席财务官（CFO）进行更深入的对话，我们的谈话都是以风险为导向的。"

在 2002～2004 年和 2008 年金融危机期间，公司倒闭事件层出不穷，导致近年来，审计委员会的期望、责任和工作量大大增加。① 它们目前包括：

- 加强对合规的监督。

---

① 关于审计委员会的新预期作用的有价值文件是 KPMG《2015 年审计委员会指南》等。

- 加强与外部审计师的沟通作用,特别是讨论审计报告的结果和关键的审计事项,例如,《萨班斯－奥克斯利法(2002)》和《欧盟第 2006/43/EC 号指令》规定,国际审计与鉴证准则理事会(IAASB)要求,发布了 ISA 700 系列的新审计准则。
- 在外部审计师的任命、报酬、保留和工作监督方面的直接作用,包括对审计计划的审查(如在澳大利亚、加拿大和英国)。
- 在没有单独的风险委员会的情况下,监督内部控制、内部审计和风险管理系统。
- 在制定和监督关联方交易政策以及审查和建议董事会对重大关联方交易的批准方面,更强的预期或强制规定作用。①
- 明确审计委员会成员所需的独立性和专门知识。
- 投资者和监管机构要求增加审计委员会的透明度和报告(例如,IAASB 发布了关于审计报告的新准则 ISA 700)。
- 增加与监管机构(证券业和银行业)、证券交易所和独立审计监督机构的接口,以提高审计质量。
- 将重点放在其国家或地区的特有问题上:

——日本:金融服务局于 2013 年推出了一项经修订的审计准则,为审计师与审计委员会之间的深入讨论提供了便利;

——英国:财务报告理事会(FRC)要求审计委员会向股东提供更详细的报告,特别是与企业面临的风险有关的报告;

——印度:印度证券交易委员会(SEBI)对审计委员会成员的监管和要求进行了多项修正,特别是在 2008 年萨蒂扬计算机公司案之后。它在《SEBI 上市规则》中引入了第 49 条,并加强了审计委员会在独立性、独立判断责任和面对控股股东的责任方面的细节。以前,根据全球公认的定义,许多独立董事可能没有被认为是"独立的"。

例如,一名印度的独立董事于 2008 年 12 月 25 日辞职,称她在董事会会议期间对交易表示保留意见,但未能投出反对票,以确保她的观点被记录在

---

① 在印度、新加坡、英国、美国和许多其他国家或地区的单层董事会制度中,关联方交易的独立审查员角色由审计委员会承担,审计委员会由独立董事组成。在双层董事会制度中,如在智利和意大利,这一角色由董事(无利害关系的董事)组成的一个委员会承担。

案。据了解，其中一名独立董事的薪酬方案是其他独立董事的 7 倍多，远远高于市场水平。而事实证明，他是在为公司做顾问工作，这本该阻止他成为独立董事。

毕马威（KPMG）2015 年对 35 个国家（地区）约 1500 名审计委员会成员进行的年度调查显示，3/4 的审计委员会成员表示，履行职责所需的时间已经适度地（51%）或显著地（24%）增加；有一半的人说，鉴于审计委员会的议程、时间和专门知识，他们的作用正变得"越来越困难"。

审计委员会及其工作对董事会和公司治理的效力已变得非常重要。毕马威问审计委员会成员，他们应该怎么做才能提升效率，他们的答复如下：

- 43%：更好地理解业务（战略和风险）；
- 38%：思维、背景、观点和经验的更大多样性；
- 34%：在议程上有更多的"空白"时间，来进行公开对话；
- 33%：额外的专门知识和技术；
- 31%：更强的挑战管理的意愿和能力。

IFC 公司治理私营企业咨询小组副主席克里斯蒂安·斯特伦格（Christian Strenger）认为，"在许多发达市场，特别是在双层董事会系统中，董事会往往规模庞大，需要委员会来提高董事会的工作效率。例如，在德国，大公司的董事会通常有大约 20 名成员。你不能在审计问题上和 20 个人一起工作。因此，我强烈支持设立委员会开展详细工作的建议，特别是在审计和风险方面的委员会。"

2.1.3 董事会效力：董事会的评估和继任

董事会评估已成为一种较为普遍的做法。近 3/4 的欧洲公司参加年度董事会评估。一些国家（地区）采取了进一步行动，规定每三年进行一次外部、独立的董事会评估。一个关键的事态发展是，预期这一评估将促成制定改善董事会业绩的计划，并更好地规划董事会的更新换代。

董事会评估有许多可能的解释。这可能是指着对每一位董事的评估，对整个董事会及其运作的评估，或对董事委员会的评估，或以上这些评估的混合。投资者期望董事会评估他们的业绩，以期不断改进做法和董事会效力。

投资者认为这能证明董事会对公司治理的承诺。

美国机构投资者理事会（CII）2014 年指出，随着时间的推移，董事会可能会变得自满，或者需要新的技能和视角来灵活地应对商业环境或战略的变化。定期和严格的自我评估有助于董事会评估其业绩，并确定和解决董事会中的潜在缺口。

股东在对董事作出表决决策时，重视董事会评估过程的详细披露。[①] 披露董事会如何评估自己，找出需要改进的地方，以及解决这些问题，提供了一个窗口，用以了解董事会引入变革的过程是多么的稳健。

海德思哲 2014 年发布了一份报告，其中回顾了公司治理数据，包括董事会评估做法和报告，这些数据来自 400 多家公司，涉及 15 个欧洲国家（地区）。报告的主要结论如下：

- 接受调查的董事会中有 70% 每年进行一次业绩评估。
- 在过去的两年里，78% 的董事会进行了评估，高于 2009 年的 75%。
- 董事会主席或董事会成员自己负责评估。
- 21% 的实体使用外部顾问来为董事会评估提供便利。[②]

海德思哲的报告表示，对于由谁来领导董事会评估，目前还不太明确。当主席被问到谁应该领导董事会评估时，41% 的主席说应该由董事会领导董事会评估，30% 的主席说应该由 CEO 领导董事会评估。相反，当向董事会成员提出同样的问题时，53% 的董事会成员说应该由主席领导董事会评估，33% 的董事会成员说应该由董事会自身领导董事会评估。其他选择，例如由委员会或外部顾问领导董事会评估，则很少被提及。

评估可以使用不同的工具，可以采取问卷调查表、公开讨论、一对一董事访谈的形式，或这些方法的组合。无论如何，董事们都相信董事会和董事的评估是有益的。全球董事协会网络（GNDI）是一个由来自世界各地的成员组成的董事协会网络，它在其指导原则中描述了良好公司治理的全球视角，并认为董事会业绩评估可以产生更好的董事会和更好的公司治理。

[①] 美国的机构投资者理事会（CII）在 2013 年和 2014 年对其成员进行了一项调查。关于股东价值的信息来自这一调查。

[②] 克里斯·皮尔斯（Chris Pierce）关于印度的董事会评估的另一项研究，参见 http://www.tinuyrl.com/jrqm2gd。

在 2004 年版的《OECD 原则》中，很少提到董事会评估，而只是作为一种自愿的、建议的做法。在截至 2015 年的 11 年期间，为董事会评估工作施加的压力已成为常态。修订后的《OECD 原则》明确指出，董事会评估是确保董事会持续发展的一种方式，其目标是建立一个能够客观判断的独立董事会。董事会评估现在是公司治理的一个优先事项。

全球董事协会网络原则（GNDI）第 12 条规定：

需要定期评估董事会的业绩［包括其主席、个别董事和董事委员会（在适用情况下）的业绩］，并采取适当行动解决任何发现的问题。

许多国家守则或条例要求或预期进行董事会评估和（或）有关披露，在大多数国家，这是一种建议做法。然而，没有一刀切的办法；各个国家和公司有许多不同的方法来进行董事会评估。

评估可以是正式的，也可以是非正式的，可以是内部进行的，也可以是外部推动的，可以更注重质量问题，也可以更关注量化问题。通常，评估是这些风格的混合。重要的是要弄清楚正在评估什么：整个董事会、董事委员会、个别董事或所有这些。其他评估重点可能是董事会结构、政策和流程或董事会在公司的战略、风险、财务领导、股东界面等方面的作用。

2015 年的 OECD 原则 6.E.4 中要求，董事会应定期进行评估，以评价其业绩，并评估其是否具备适当的背景和能力组合。

为了改善董事会的做法和董事会成员的业绩，越来越多的国家（地区）现在鼓励公司进行董事会培训和自愿的董事会评估，以满足个别公司的需要。特别是在大公司，董事会评估可以得到外部推动者的支持，以增加客观性。除非需要某些资格，例如金融机构的资格，否则这可能包括董事会成员在任命时获得适当的技能。此后，董事会成员可以通过内部培训和外部课程，随时了解相关的新法律、法规以及不断变化的商业和其他风险。为了避免集体思维，以及为了董事会的讨论带来不同的想法，董事会还应考虑其是否具有适当的背景和能力组合。

各国（地区）也可以考虑采取自愿目标、披露要求、董事会配额和私人举措等措施，来加强董事会和高级管理层的性别多样性。

2.1.3.1　董事会评估的良好做法

不同公司的评估各不相同，公司不同发展阶段的内部评估也各不相同。

评估应考虑到公司的具体情况。然而，以下是出现的一些公认的良好做法：

- 对评估的可信度和机密性的信任是其成功的关键因素，无论由谁来管理这一过程。此外，机密性和透明度对于这个过程来说至关重要。
- 重要的是让董事会成员充分了解并致力于高质量的公司治理和评估。
- 评估的目标是改善董事会和公司自身的业绩。
- 评估过程的领导是关键——通常由董事会主席领导。
- 评估应成为董事会做法的一个经常性特征。大多数进行董事会评估的公司，每年都进行董事会评估；未被规定进行董事会评估的有些公司，可以每三年进行一次董事会评估。
- 评估最好能及时完成，以便在董事会战略会议上进行讨论，因此，任何行动都可以纳入战略。
- 在进行评估之前，所有董事会成员都应该知道如何对他们进行评估（即评价的主题）、评估的过程和衡量方法。
- 业绩指标应随着时间的推移而不断发展。
- 问卷调查表、公开讨论和一对一讨论是使用最广泛的方法。
- 应仔细起草问卷调查表，可以与董事会主席合作起草问卷调查表，并在定稿之前，由所有被评估者进行审查。
- 评价应涵盖以下关键议题：董事会组成和结构、动态和运作（包括领导和团队合作）、角色明确、战略和风险的治理、董事会责任和监督作用、董事会决策、董事会咨询作用、董事的个人特征（愿景、贡献、行为、时间、准备、特殊技能）、董事会主席的角色，董事会的运作（通知、会议过程、主动性）和沟通。
- 对董事委员会的评估应涵盖与该特定委员会有关的问题。
- 应对评估结果进行保密，对其进行分析，分发给董事会成员，并以公开和非对抗性的方式进行讨论。
- 所有评估都应侧重于改进董事会的业绩，从而促成制定一项行动计划，以解决出现的问题。
- 应这一过程本身进行审查，以求改进。
- 评估目标和过程的披露应在年度报告中传达给股东，列入公司治理守则，并公布在公司网站上。

同时，需要注意以下方面：
- 董事会评估对某些人来说可能是一个敏感的问题。必须认识到这种可能性，并处理敏感问题。
- 评估可能暴露董事会的弱点，如果不加以注意，这些弱点可能为以后的诉讼程序提供信息。
- 应在这一制度中纳入保障措施，以保护公司和个别董事。
- 拥有董事会评估方面的经验、独立和公平、因其做法而受到尊重对所有独立评估人员来说是至关重要的。
- 如果处理不好评估，或者如果董事们对同事的评论过于苛刻或考虑不周，那么评估可能会破坏董事会的合作关系。
- 在将管理层纳入评估过程之前，应进行仔细考虑。
- 管理层的参加可能会限制董事的评论。

2.1.3.2 继任规划和评估

最重要的是，董事会要为其成员的辞职或退休做好准备。董事会和董事委员会的继任规划应遵循董事会评估过程。作为董事会评估的一部分，对当前董事会内的技能和能力的评估，应参照对董事会内的技能和能力的未来预期要求进行衡量。如果需要在短时间内被要求任命一名新董事会成员，这提供了一位新董事会成员的立即可用简况。董事会应不断确保其拥有所代表的技能、才能和属性的正确集合。

ICGN 董事会的安妮·莫里纽克斯（Anne Molyneux）指出，"如果董事会评估是以严格的方式进行的，则当它进展到个别董事发展计划和董事会继任规划，并与之相关时，以及当结果被披露时，董事会评估是一个很有价值的工具。投资者可以感觉到董事会的未来安全地掌握在手中。"

准备充分的董事会将制定继任计划，为确定和寻找能够满足关键要求的潜在董事会成员提供指导。这一继任计划有助于组织以结构化的方式迅速任命新董事，使董事会能够在不受干扰的情况下继续其业务，应对所遇到的任何业务挑战。

2.1.3.3 评估披露

投资者需要知道董事会是否有效力，良好的公司沟通可以很好地向投资者和其他利益攸关方传达董事会关于评估结果的信息。美国机构投资者理事会制定了自己的指导方针，说明其对董事会评估披露的期望，这是如此重要。

CII"最佳披露：董事会评估"中指出，投资者看重说明以下问题的具体细节：谁对谁进行评估、多久进行一次评估、由谁来审查结果以及董事会如何决定处理这些结果。这类披露既没有以单独或整体的方式讨论具体评估的结果，也没有解释董事会从最近的自我评估中得到的好处。相反，它详细介绍了自我评估过程中的"具体细节"，以向投资者展示董事会一般是如何识别和解决其技能和观点中的缺口的。

2.2 控制环境和风险

控制环境被定义为包括内部控制系统、内部审计职能、合规职能和风险治理。

2.2.1 风险治理的发展

根据金融稳定委员会 2013 年的报告，许多董事会没有足够重视风险管理，也没有建立有效的机构（如专门的风险委员会），协助对公司的风险敞口进行有意义的分析，以及对管理层的建议和决策提出建设性的挑战。

2007～2008 年的金融危机使包括风险治理在内的公司治理的若干基本要素受到质疑。一个特别的焦点是风险监督过程的稳健性和有效性，这是一个日益严重的问题，自 2002 来以来大型公司倒闭都证明了这一点。OECD 对金融危机的实况分析加强了对风险的关注。

OECD 2013 年一份关于风险管理的报告指出，也许金融危机带来的最大冲击之一是风险管理的普遍失败。在许多案例中，没有在企业基础上对风险进行管理，也没有根据公司战略对风险进行调整。风险管理人员往往与管理层分离开来，并且未被视为实施公司战略的重要组成部分。最重要的是，董事会在许多情况下对公司面临的风险一无所知。

当时，公司治理标准和守则通常要么不涵盖风险治理和监督，要么没有充分涵盖风险治理和监督。今天，情况发生了变化。许多守则（如《G20/OECD 原则》）都引入或加强了与风险有关的要求。

美国注册会计师协会（AICPA）2015 年进行的一项审查（比斯利/Beasley 等人，2015 年）发现，在最近的十年中，对组织加强全企业风险监督过程的要求不断上升。2014 年秋季，从担任 CFO 职位和需要财务专长的董事会职位的 1000 多名 AICPA 会员中收集了数据。主要调查结果如下：

- 59% 的人认为，过去五年来，风险的数量和复杂性发生了"广泛"或"大部分"的变化。
- 65% 的人被在过去的五年里发生的一个从"一些"到"广泛"的突袭打得措手不及。大公司和上市公司的这一比例甚至更高。
- 68% 的董事会对增加高级执行层对风险监督的参与的要求从"一些"发展到了"广泛"。大公司（86%）和上市公司（88%）的这一比例甚至更高。

2015 年修订的 OECD 原则 6.D.1 中指出，董事会应履行某些关键职能，包括：

审查和指导公司战略、主要行动计划、风险管理政策和程序、年度预算和经营计划；制定业绩目标；监控执行情况和公司业绩；监督主要的资本支出，收购和剥离。

对董事会来说，一个越来越重要的领域是监督公司的风险管理，这一领域与公司战略密切相关。这种风险管理监督将涉及：对管理风险的责任和职责的监督，具体说明公司为实现其目标而愿意接受的风险类型和程度，如何通过其运作和关系来管理其所带来的风险。因此，这是一个重要的管理指南，必须对风险进行管理，以满足公司所期望的风险状况。

甚至在金融危机之前，巴塞尔银行监管委员会认为银行存在以下问题：董事会对高级管理层的监督不足，风险管理不足，以及过于复杂或不透明的银行组织结构和活动。自金融危机以来，巴塞尔银行监管委员会一直侧重于修订和重新发布《银行公司治理原则》（BCBS，2015 年）。风险和风险监督是修订的核心。

2015 年，ICGN 更新了其《公司风险监督指南》，使投资界能够评估董事会在监督风险治理方面的效力。BCBS 预计董事会将负责监督强有力的风险治理框架以及明确界定的风险管理责任。

ICGN 的《公司风险监督指南》中提出以下观点：

- 风险监督过程从董事会开始。单一董事会或监事会负责决定公司的战略和商业模式，了解和商定与之相关的风险水平。董事会的任务是监督管理层对战略风险和经营风险管理的实施。
- 公司管理层负责制定和执行公司的战略风险和日常经营风险方案，与董事会制定的战略相一致，并接受董事会的监督。
- 股东直接或通过指定代理人，负责评估和监控董事会在监督被投资公司的风险方面的有效性，并确定它们将用于这一任务的资源水平。投资者本身不负责公司的风险监督。

此外，由公有企业参与者和私营企业团体进行的许多其他调查证实，在金融危机爆发之前，风险做法不佳。2011 年麦肯锡的一项调查显示，董事会只有 14% 的时间用于商业风险管理，只有 14% 的接受调查者完全了解公司所面临的风险。显示了许多国家（地区），与风险有关的现行条例。它还揭示了很少有国家（地区）清楚地解释了董事会在风险监督方面的责任。

建立和监督公司的全企业风险管理系统的责任通常由董事会作为一个整体承担，并在公司法或上市规则中作出规定，但在少数几个国家（地区），这一点没有明确说明。

在所有这些要求变革的压力下，银行业、证券业、全球其他监管机构和各方，一直在审查它们在风险方面的要求。对风险的态度的变化（新常态）包括：

- 提高对风险治理中特定角色的理解和期望，特别是（1）董事会在制定风险文化、风险框架和风险偏好方面的作用；（2）首席风险官以及他在风险职能中的作用；
- 需要改变全企业风险模型，以便更好地注重（1）基于实体风险的有效内部控制；（2）强大、独立的内部审计职能；（3）更加注重信息技术风险。

风险管理必须对"新常态"作出反应，新常态是一个不断变化的监管环境和越来越苛刻的期望。

非金融公司正在效仿金融机构在风险管理态度和做法上所看到的变化。例如,澳大利亚和新西兰的一家建筑产品有限公司,正致力于处理商业风险,并制定了处理商业风险的框架。

企业社会责任(CSR)的政策是在整个公司建立一个共同的框架来识别、量化、管理和监控商业风险。CSR致力于加强有效的商业风险管理,将其作为战略规划、决策和战略执行的关键要素。

各国或地区对上市公司风险治理要求如表2-3所示。

表2-3 上市公司风险治理要求-按国家分列

国家(地区)	董事会对风险管理的责任	内部控制风险管理系统的实施	董事会级别的委员会		首席风险官
			审计委员会的风险管理作用	单独的风险委员会的设立	
阿根廷	C	C	L/R	C	C
澳大利亚	C	—	—	C	—
奥地利	L/C	L	L/C	—	—
比利时	L	L	L	—	—
巴西	—	—	—	—	—
加拿大	—	—	—	—	—
智利	—	R	R	R	—
捷克共和国	C	C	—	—	—
丹麦	—	—	—	—	—
爱沙尼亚	—	—	—	—	—
芬兰	C	C	C	—	—
法国	—	—	L	—	—
德国	L/C	L/C	L/C	—	—
希腊	—	—	C	—	—
中国香港特别行政区	C	C	C	—	—
匈牙利	L/C	L/C	—	—	C
冰岛	—	—	C	—	—
印度	L/R	L/R	L/R	R	—

续表

国家（地区）	董事会对风险管理的责任	内部控制风险管理系统的实施	董事会级别的委员会		首席风险官
			审计委员会的风险管理作用	单独的风险委员会的设立	
印度尼西亚	L/C	—	—	C	—
爱尔兰	C	C	C	—	—
以色列	—	R	L	—	L
意大利	C	C	L	C	C
日本	L	L	—	—	—
韩国	C	—	—	—	—
立陶宛	—	—	C	—	—
卢森堡公国	—	—	C	—	—
墨西哥	L	—	L	—	—
荷兰	C	C	C	—	—
新西兰	C	C	—	—	—
挪威	C	L/C	L	—	—
波兰	—	L/C	L	—	—
葡萄牙	—	—	—	—	—
沙特阿拉伯	—	—	—	—	—
新加坡	C	C	C	C	C
斯洛伐克共和国	—	—	—	—	—
斯洛文尼亚	C	C	C	—	—
西班牙	—	L/C	L/C	—	—
瑞典	C	C	—	—	—
瑞士	L	C	C	—	—
土耳其	L	L	—	L	—
英国	C	C	C	—	—
美国	R	L/C	L/R	—	—

注：C=守则或原则的建议；L=法律或法规的要求；R=上市规则的要求；—表示没有具体要求或建议。

a. 审计委员会的作用中明确包括了风险管理。(在美国，这只适用于纽约证券交易所上市公司。)

b. 内部审计师负责风险管理。(在以色列，上市公司的董事会必须任命一名内部审计师，除其他事情外，负责审查公司在遵守法律和适当业务管理方面所采取的行动的适当性。)

2.2.2 董事会在风险和风险文化中的作用

风险管理应该是所有企业的一个特征。公司冒着风险创造回报。公司的所有成员，董事会、高级管理层、业务单元和雇员，都在风险中发挥着作用。

董事会负责确保建立一个框架，以充分处理企业风险环境的复杂性。然而，这并不意味着董事会的作用是被动的。董事会应确保公司能够识别、评估和适当管理所有业务风险。在日常经营过程中，这些任务的实际管理归属于管理层。在一个日益复杂和不确定的世界里，董事会必须比以往任何时候都更加严格地监督和管理风险。

企业风险管理（ERM）是整个公司（通常是大公司）的一个结构化、一致和持续的过程，用于识别、评估、响应和报告影响公司目标实现的机会和威胁。目前存在几个用于指导公司做法的企业风险管理框架，如《国际标准化组织（ISO）31000：2009 风险管理原则和指南》。

董事会应保留在公司风险管理制度的监督和确保报告制度的完整性方面的最终责任。一些国家或地区已经规定由董事会主席报告内部控制过程。有较大或复杂风险的公司（金融和非金融），不仅是金融业的公司，还应考虑采用关于风险管理的类似报告制度，包括直接向董事会报告。还建议各公司建立和确保内部控制、道德标准和合规程序或措施的有效性，以遵守适用的法律、法规和标准，包括将《OECD 反贿赂公约》规定的贿赂外国公职人员以及其他形式的贿赂和腐败定为刑事犯罪的法规。

德勤 2015 年一项调查显示，85% 的受访者表示，与两年前相比，他们的董事会目前投入了更多的时间来监督风险。最常见的董事会职责是批准企业级风险偏好声明（89%），并审查公司战略，使其与组织的风险预测保持一致（80%）。

企业风险管理标准为组织内的风险管理活动建立了一个结构。然而，它们往往过于注重个人或团体在企业风险管理框架中的作用。ISO 31000 风险治理模式的基础是，所有实体都希望实现其目标，但许多内部和外部因素影响这些目标，造成关于组织是否能实现其目标的不确定性，这种不确定性对其目标的影响就是"风险"。ISO 31000 将关键风险和风险管理过程与组织的战略目标联系起来。

2.2.2.1 董事会在风险管理方面的现行良好做法

董事会在风险方面的作用是治理和监督。高级管理层在风险方面的作用是在董事会规定的风险偏好和限制范围内经营业务，并识别、评估、确定优先次序、管理、监控和向董事会报告风险。应明确界定和区分每一种作用。

风险管理方面的缺陷直接指的是董事会监督方面的缺陷。

董事会对风险负有某些义务，其中包括：

- 清楚地理解其在风险方面的监督作用，并充分积极地履行这一任务，特别是在确定公司对风险的基调或态度方面。
- 确定和确保建立全企业风险管理框架，并确保其有效运作，包括确保董事会和公司的组织和政策是适当的，以及公司提供足够的资源来应对风险。
- 确保董事会对其在风险监督方面的责任及其局限性拥有集体/共同看法，并责成董事委员会（审计委员会或风险委员会）专门处理风险监督问题。
- 确保董事会成员集体拥有足够的知识、技能和经验来评估实体的风险。
- 确保每一位董事均了解公司的业务，并充分了解公司所面临的风险的性质、类型和来源，包括：
  - 查明最重大的风险；
  - 偏离预期业绩范围对股东价值的可能影响；
  - 对公司的其他利益攸关方（包括社区和环境）的潜在影响；
  - 公司将如何应对危机；
  - 利益攸关方信心的重要性。
- 确保整个公司的适当意识水平。
- 在公司内部推广、确定或定义公司的风险文化、容量、承受能力和偏好。
- 确保风险管理政策和程序的制定、传播和发布。
- 确保在整个公司范围内沟通风险文化和风险偏好。
- 定期接收、审查和讨论公司内部、所有风险类别和所有业务单元的风险业绩和管理报告，以更好地理解风险之间的相互联系和复合效应。
- 监控和审查管理层的风险反应，并确保它们是充分和适当的。
- 确保定期测试风险框架和系统的稳健性、复原力，以及有效的应急计划。
- 确保高级管理层和员工薪酬激励强有力，以及适当的风险管理。

- 披露关键风险,并向投资者报告风险管理框架。

海德思哲 2014 年的一项调查发现,94% 的欧洲上市公司董事现在认为,董事会在考虑是否接受适当风险方面的能力是非常重要的。

2.2.2.2 董事会在风险偏好方面的作用——一项正在进行的工作

主要是由于金融危机和金融稳定委员会决心改善风险治理,在许多法国家或地区,预计将由董事会为公司确定风险偏好。例如,《英国公司治理守则》要求董事会负责确定其在实现其战略目标时愿意承担的重大风险的性质和程度(FRC,2012 年)。

此外,对银行业和保险业的变化影响最大的机构——金融稳定理事会(FSB),也详细指出了董事会、风险管理委员会、风险管理部门、首席风险官和其他人员(首席财务官、首席执行官和首席内部审计师)在风险监督方面的作用。

风险管理协会(RMA)认为,一般应由董事会建立风险偏好框架,并批准风险偏好声明。通常,高级风险委员会成员或首席风险官将向董事会提交一份声明草稿,供董事会讨论、修改和批准。一旦获得批准,风险偏好框架流程将会启动,机构的风险偏好将被分配给适当的人或团体,并在整个组织中自上而下串联起来。

简单地说,风险偏好是指组织为了追求预期财务业绩(回报)而愿意接受的风险总量(预期结果的波动性)。风险偏好和风险承受能力的概念经常被交替使用,但它们有着明显不同的含义。

美国反虚假财务报告委员会下属的发起人委员会(COSO)对风险偏好的定义类似于《英国公司治理守则》,但它没有界定在确定风险偏好方面的责任。它将风险偏好定义为"从广义上说,一个组织为了追求价值而愿意接受的风险总量。每个组织都追求各种各样的目标来增加价值,并且应该广泛地理解它在此过程中愿意承担的风险。"

COSO 从组织目前普遍存在的风险水平来看待风险偏好,它认为公司对风险的态度是在预计风险容量的有限边界内设定的,或在危及整个公司的生存能力之前,一家公司可能承担的全部风险。

对于所有涉及风险的人来说,了解组织的风险偏好是很重要的。下文提供了一个例子,介绍了银行操作人员对风险偏好不清楚的情况。

尽管风险偏好是一个简单的概念，但董事会很难为其实体设定风险偏好声明，难以区分风险容量和风险承受能力。风险偏好声明应当是一份关于机构可接受风险水平的定性和定量声明。显然，当风险是可量化的时候，而不是当风险是社会风险或影响环境的风险时，更容易设置风险偏好声明。

例如，2008年2月，法国兴业银行董事会获悉，其一名交易员损失了72亿美元。该交易员杰罗姆·科维尔（Jerome Kerviel）获准承担最多1.83亿美元的风险。然而，自2005年以来，科维尔显然忽略了他的限制，承担了高达730亿美元的风险敞口，这超过了整个公司的市值。法国兴业银行的董事会、管理人员、风险管理系统和内部控制都未能发现这一问题，更不用说停止这不顾后果的押注了。当最终被发现时，风险治理和管理的失败已经使法国兴业集团及其股东、客户、资金和声誉付出了代价。类似的风险治理失败也出现在了瑞银（UBS）和巴林银行（Baring）的丑闻中，后者最终未能生存下去。

风险术语可能很难。为明确起见，本书将主要风险术语定义如下：

- 风险容量——公司可以承担的绝对风险，任何超过风险容量的风险都会导致公司倒闭，以及可能会对实体的财务机构或关键战略产生影响。
- 风险偏好——为追求价值而愿意承担的可接受风险总量（董事会观点）。
- 风险承受能力——某一个风险类型或业务单元中的可接受风险的可变性（最高或最低水平）。

2.2.2.3 理事会的风险偏好声明：不断发展的良好做法

许多公司发现，将风险偏好声明与组织的实际情况结合起来尤其具有挑战性。在普华永道2015年对拥有风险偏好声明的金融机构进行的一项调查中，接受调查的金融机构所面临的三大挑战包括：

- 在整个组织内有效分配风险偏好；
- 将风险偏好纳入决策；以及
- 通过度量和限制阐明风险偏好。

奥纬咨询在2015年对65家金融机构的风险偏好声明进行的一项研究发现，"对于风险偏好在银行管理收益波动、资本和流动性方面的关键作用，人们有着明确的共识"。同年，稻睿慧悦（Towers Watson）2015年的一项调查发现84%的受访者（来自保险业）在2015年拥有一份有记录的风险偏好声明，而 2012 年为 74%，2010 年为 59%。

保险业承认，它正在尝试将风险偏好框架和声明应用于其做法，但还需要开展更多工作，将风险偏好与经营活动联系起来。该行业的许多人现在有了坚实的基础来推进风险偏好框架。

以下内容说明了风险偏好声明应当是什么：
- 与目标相联系；
- 用定性和定量术语，足够准确地进行说明；
- 有助于确定可接受的风险承受能力；
- 通过促进（人、过程和基础设施的）协调，得以支持；
- 监控风险的推动者。

金融机构的明显发展也影响到非金融公司的风险框架和风险管理做法。麦肯锡 2012 年一项对欧盟的能源公司（电力、天然气）和先进工业实体（高科技和组装公司）的研究表明，风险方面的发展与金融机构正在发生的情况类似。下文提供了披露风险偏好和风险框架的例子。

关于风险偏好披露，渣打银行 2013 年的年度报告—风险审查指出，"我们有一份明确的风险偏好声明，与集团的战略保持一致；这份声明得到了董事会的批准，并提供了我们的业务运作中存在的更详细的风险参数。"

关于风险框架披露：澳大利亚联邦银行指出，风险委员会的一个主要目的是帮助制定集团的风险偏好，供董事会审议，以及商定并向董事会推荐一个符合获批准风险偏好的风险管理框架。

该框架旨在实现与集团风险回报预期相一致的投资组合成果，其中包括：
- 集团风险偏好声明；
- 负责监督的每个风险领域的高级别风险管理政策；以及
- 管理风险敞口和风险集中的一组风险限制。

风险委员会监控管理层遵守集团风险管理框架（包括高级别政策和限制）的情况。它还就与资本（这是内部资本充足性评估程序的基础）、流动性、筹资以及其他重大风险有关的关键政策向审计委员会提供建议。审计委员会至少每年对这些建议进行监督和审查。委员会还监控集团风险文化的健康情况，并向审计委员会报告任何重大问题。

风险文化是一个术语，用来描述一群有共同目标的人，特别是一个组织的员工，对风险的价值观、信念、知识、态度和理解。这适用于从私营公司、公共机构、政府到非营利组织的所有组织。

为了确保内部对既定风险文化的遵守，需要作出巨大努力。一些公司推出了以风险行为重点的举措，包括更好的培训、更严格的内部控制和行为纪律、对个人作用和责任的更强问责、与反映风险的业绩指标挂钩的薪酬、更频繁的风险和控制审查。在银行中发展适当的风险文化是目前银行和银行监管机构以及希望提升其风险治理的其他实体持续关注的焦点。在定义其风险智能模型时，德勤已经确定了适当的风险文化的重要性。

2.2.2.4　风险文化

要将风险治理和风险管理提升到预期的新的和更高的水平，就需要在公司内部发挥强有力的领导作用。董事会应该设定"自上而下的基调"。具有风险意识和风险接受的企业文化是成长所必需的。要实现良好的风险文化，这种自上而下的基调必须得到许多其他驱动因素的支持，如公司价值观和道德的明确性、对员工行为的期望、与适当行为一致的激励措施、企业范围内的培训和发展计划。

风险文化是从公司内部的个人和团体的心态和行为发展而来的，它可能只是非常个别的。因此，公司必须努力建立和推广自己在应对风险方面的道德、价值观和行为文化。公司内部的心态和行为对于有效的风险治理和风险管理至关重要，并将对风险治理、风险所有权以及在决策中考虑风险的态度产生影响。

2.2.3　控制环境的发展：IFC 工具

在研究某项投资时，投资者希望看到公司有正确的战略，并有能力识别和处理可能妨碍这一战略的实现的风险。他们想知道公司是否有控制实体及其风险的人员、政策和流程。这就是所谓的控制环境。

为此，IFC 开发了一个工具包，以协助其公司治理人员及其投资功能进行公司治理评估。工具包涵盖的五个领域之一是控制环境，其中包括公司的内部控制系统、内部审计职能、风险治理管理系统和合规职能。

IFC 还开发了一个进展矩阵，并用它来确定某一特定公司在其风险、控制职能和系统中的位置。在此基础上，该方法有助于确定整体控制系统今后逐步发展的步骤。

IFC的公司治理评估不仅侧重于公司文献中记录的政策和程序，而且还侧重于这些领域的实际运作情况。金融危机促成了风险和控制环境方面的新规则、监管和指导，IFC决定，在评估潜在投资中的公司治理时，不能再像以往那样看待控制环境。IFC更新了其方法，并开发了处理这一问题的工具包。

"总之，IFC公司治理方法和工具的实现途径是影响公司治理的各机构的结构和运作。因此，所有的控制环境工具都被组织成包括：（1）用于分析委员会、职能和系统的进展矩阵工具（审计委员会、风险管理委员会、内部审计职能、内部控制系统、风险管理职能和合规职能）；（2）用于分析领导者的进展矩阵工具（首席风险官、首席内部审计师和首席合规官）；（3）IFC示范性文件（章程或细则、职权范围和职务说明）；以及（4）有关现行最佳做法的概要指导。"

在此矩阵方法中，IFC最初确定该实体是否满足IFC可接受的最低投资水平（第1级），或者如果该实体更先进和处于第2、3或4级，则确定该实体是否更接近国际最佳做法。第4级是国际最佳做法。协助公司治理人员的工具包括估职能领导人的矩阵，他们向谁报告，他们的工作和职责的细节，以及他们的独立性水平。IFC为该工具包（并与控制环境有关）制定了许多示范性文件，其中包括：

- 内部审计部门细则；
- 合规部门细则；
- 风险管理职能细则；
- 职能领导人（首席风险官、首席内部审计师、首席合规官）的职权范围和职务说明；以及
- 风险管理委员会矩阵。

2.2.4 风险和控制环境：其他发展

私营企业和公有企业的倡议都是在金融危机之后出现的。以下是风险和控制环境中的一些其他发展。

2.2.4.1 COSO 的发展

越来越多的公司明白他们确实需要积极主动地进行风险治理和管理，而且要实现这一目标，他们往往求助于现行的风险框架来支持他们的举措。AICPA 在美国关于建立和充分利用企业风险管理的调查显示，由于金融危机表明整体风险框架对企业的重要性，自 2009 年以来，企业风险管理的应用显著增加。

1998 年，COSO 是一个总部位于美国的组织，由来自内部审计师协会、各大会计师事务所和专业组织的个人组成，推出了一个内部控制框架。2004 年，推出了企业风险管理—整体框架。COSO 于 2013 年修订了其企业风险管理框架，并发布了一个新的内部控制整体框架。这就是变化的步伐。

2013 年的修订对内部控制框架产生了重大变化。修订后的内部控制整体框架（COSO 内部控制框架），不仅仅是会计控制和财务控制，这是本世纪以来大多数法规修订的焦点。新的 COSO 内部控制框架提出了经营和合规控制的方法。此外，值得注意的是，新的 COSO 内部控制框架可以识别业务案例，以便更好地控制，并将它们与战略和目标设置联系起来。即内部控制应使组织能够实现更好的经营、报告和合规目标。

修订后的 COSO 框架包括对以下方面的董事会监督和公司管理的期望作出的详细改变：

- 控制环境；
- 风险评估；
- 控制活动；
- 信息和沟通；以及
- 监控活动。

新的内部控制框架就关键问题提供了更多建议：

- 内部控制应以风险为基础（根据实体所面临的特定优先风险，这是从风险评估中推导得出的）。
- 整个实体关于风险和内部控制的信息和沟通是非常重要的，应该以自上而下的方式进行，并到达实体中最底层的员工。
- 所有内部控制系统都应该受到积极的监控和定期的测试，这意味着有一个良好、独立的内部审计职能，可以测试控制和提出改进建议。

2.2.4.2 IT 控制的发展

由于技术的广泛使用,以及越来越多对隐私规则和数据安全的关注,对技术的治理有了新的强调,因此需要进行内部控制。信息系统审计与控制协会(ISACA)制定了一个标准的指导系统,信息和相关技术的控制目标(COBIT 5),它解决了如何在实体中控制 IT。它对"大数据"现实的管理有很好的指导作用,并有助于信息披露的管理。

2.2.4.3 内部审计的发展

同样,金融危机推动了董事会和实体如何看待内部审计职能、内部审计的治理和使用情况发生重大变化。内部审计职能现在更多地被看作是内部公司治理的看门人,而不是实体警察。

国际内部审计准则委员会在国际专业实务框架监督理事会审议和批准之后,于 2013 年发布了对《国际内部审计专业实务标准》的修订(内部审计师协会(IIA),2016 年)。

IIASB 标准 2110 中提出,

2110 治理

内部审计活动必须评估治理过程,并就改进治理过程提出适当的建议,以实现下列目标:

- 促进组织内适当的道德和价值观;
- 确保有效的组织业绩管理和问责;
- 将风险和控制信息传达到组织的适当区域;以及
- 协调董事会、外部和内部审计师、管理层之间的活动和信息交流。

2110.A1

内部审计活动必须评估组织与道德操守相关的目标、方案和活动的设计、实施和有效性。

2110.A2

内部审计活动必须评估组织的信息技术治理是否支持组织的战略和目标。

控制环境

1. 组织表明对诚信和道德价值观的承诺。
2. 董事会表明独立于管理层的独立性,并对内部控制的发展和业绩进行监督。

3. 管理层在审计委员会的监督下，建立追求目标过程中的结构、报告关系以及适当的权限和责任。

4. 组织表明对吸引、发展和留住符合目标的合格人员的承诺。

5. 组织使个人承担其在追求目标过程中的内部控制责任。

风险评估

6. 组织明确说明其目标，以识别和评估与目标有关的风险。

7. 组织在整个实体内识别对实现其目标有影响的风险，并分析风险，以此作为确定如何管理风险的基础。

8. 组织考虑在评估对实现其目标有影响的风险时，出现欺诈的可能性。

9. 组织识别并评估可能对内部控制系统有重大影响的变化。

控制活动

10. 组织选择和发展，有助于将对实现其目标有影响的风险减轻至可接受水平的控制活动。

11. 组织选择和发展对技术的一般控制活动，以支持实现其目标。

12. 组织通过确定预期目标的政策和将政策付诸实施的程序，来部署控制活动。

信息与沟通

13. 组织获取或生成并使用相关的高质量信息，以支持内部控制的运作。

14. 组织内部交流信息，包括内部控制的目标和责任，以支持内部控制的运作。

15. 组织就影响内部控制运作的事项与外部各方进行沟通。

监控活动

16. 组织选择、发展以及进行持续和（或）单独的评估，以确定内部控制的组成部分是否存在和运作。

17. 组织及时评估内部控制缺陷，并及时向负责采取纠正行动的各方传达内部控制缺陷，包括高级管理层和董事会（视情况而定）。

个别标准或守则的制订者也在寻求修订和提升内部审计师的作用，目的是改善公司治理。欧洲内部审计师协会联合会（ECIIA）在2012年进行的一项研究表明，在41%的欧洲公司治理守中。内部审计职能被认为是强制性的（见表2-4）。

表 2-4　　　　　　　　关于内部审计的守则规定举例

国家	守则/文件名称	评论摘录
芬兰	《芬兰公司治理守则（2010年）》	公司必须披露公司内部审计职能的组织方式。披露必须包括内部审计职能的组织、适用于内部审计的中心原则（如报告原则）、内部审计职能的工作方式，如公司经营的性质和范围、人员数量和其他相应因素
法国	《关于公司治理的建议（2011年3月）》	审计委员会负责以下工作：监督法定和内部审计、评估内部审计师的工作、选择法定审计师、检查内部审计师的独立性
意大利	《公司治理守则（2011年12月）》	发行人应当设立内部审计职能。内部审计职能应当向董事会报告。内部控制和风险管理系统涉及下列各公司机构，视其相关职责而定：董事会，应就系统的总体适足性提供战略指导和评价……以及内部审计，负责核实内部控制和风险管理系统的运作和适足性。内部审计职能在控制系统中占有中心地位，即负责控制的"第三级"。内部审计职能应该是绝对独立的
拉脱维亚	《公司治理原则及其实施建议（2010年）》	董事会应执行某些任务，包括及时和高质量地提交报告，确保进行内部审计和控制信息披露

在 2015 年底，英国的财务报告理事会正在努力更新其关于审计委员会的指南，以反映新的《公司治理守则》。预计该指南将较详细地涵盖内部审计的作用。

这些守则和活动突出了内部审计在支持董事会确保对内部控制的充分监督和公司治理的有效性方面可以发挥的关键作用。对内部审计的影响是，审计委员会与内部审计之间、内部审计与外部审计师之间将有更多的接口。此外，内部审计师可能在支持董事会挑战战略、风险管理和内部控制方面发挥更大的作用。

2.2.4.4　对内部审计职能的期望

在公司治理的良好做法方面，一个强有力的内部审计职能应具有一份关于其活动的章程，界定其工作和责任范围。它应该是一项独立的职能，独立于管理结构，并且是客观的。为开展其工作，应向内部审计职能提供充足的资源，并且内部审计职能应有权进入、回应和直接向审计委员会或董事会报告。审计委员会应确保内部审计职能有充足的资源，审查其年度工作计划，对内部审计建议作出回应，并履行董事会为公司管理风险和内部控制的方式提供保证的责任。

内部审计师角色的转变：从仅仅作为内部控制的检查人员或测试人员，以及为内部控制提供保证，到成为一名值得信赖的顾问，这并非易事。这将要求内部审计职业发展和扩大其内部审计师的技能。甫瀚的一项研究（罗西特/Rossiter，2011 年）审查了内部审计师所认知到的内部审计师的作用，指出了这些技能发展。

关于内部审计主管，IFC 承认的最佳做法是，建立一个独立的董事会级审计委员会，以帮助整个董事会管理这一领域，同时设立一个内部审计主管……协助管理层进行内部审计职能的实施。我们可以看到，最终目标是董事会在监督这一重要职能方面承担充分责任。因此，IFC 的工具侧重于内部审计职能的质量以及内部审计职能的结构和运作，具体表现在以下几个方面：

- 目的、建立和工作范围；
- 内部审计人员的资格和能力；
- 资源、责任和权限；
- 独立性和问责；
- 报告；
- 与管理层和风险管理部门的关系；以及
- 质量控制和评估。

2.3 对透明度和披露的要求事项

各组织看到了对披露与投资决策有关的所有财务和非财务重大事项的持续需求。财务报告发展得相当好，但非财务报告仍在发展中。最近，投资界一直要求修改公司报告，以包括对公司的商业模式、战略、业绩和风险的更好披露。

2.3.1 可持续性和环境、社会和治理（ESG）报告

与本质上的系统一样，当企业能够适应新的环境并持续创造和向所有利

益攸关方提供价值时，企业是有弹性的。这包括考虑在全球环境中出现的风险和机遇，其中环境和社会方面最终是允许和影响公司财务业绩和价值创造的因素。考虑环境范围也意味着明白企业并不存在于真空中，这只是其环境的一部分，而成功是在更大的环境范围内衡量的。

1987年布伦特兰委员会的报告是许多关于企业弹性和可持续性的思考的起点。其中指出，可持续发展是在不损害后代满足自身需要的能力的情况下，满足当代人需要的发展。

实体的财务结果是某种事物的结果：它是由某种事物，主要是自然资本（资源）和人力资本（劳动力）通过智力资本和技术的转化而产生的。因此，投资者对公司在这些领域的做法非常感兴趣。普华永道2015年的一项研究表明，71%的投资者会根据ESG评估和ESG风险降低投资。同一项研究发现，97%的主要机构投资者（全球大型养老基金和资产管理人）预计，对负责任投资（重点关注对ESG事项的影响）的需求将在接下来的两年里不断增加。因此，现在的压力是要求公司在环境、社会和治理问题上的战略和方法更加透明。

为了建立和维持信任，并更好地吸引资金，公司必须变得更加透明，披露的信息也要比以前多得多，特别是在企业责任、可持续性和道德等不同领域。作为对来自法规的需求的响应（部分原因），以及由于公司认识到变得更透明的价值，披露正在不断增加。客户、供应商、员工、政府和投资者都要求公司提供更多、更好的非财务披露，包括与环境、社会和治理相关的问题。

在一些国家（地区），所有或某些可持续发展问题已经载入了公司法或其他相关法律或法规。其他国家（地区）则选择简单地主张将一些ESG包含在公开信息中。表2-5列出了一些要求或倡导环境治理透明度和报告的国家（地区）倡议的非详尽工作文件。

一个广泛的问题是，是否应将可持续性措施纳入公司治理守则。无论监管要求如何，公司都应该按照《OECD原则》的要求，考虑到利益攸关方的利益，并就这些问题提交报告。将利益攸关方视角充分纳入公司治理安排可能会给公司带来相当大的风险。

关注非财务问题的报告通常被称为"可持续性报告"。在过去的十年中，

表 2-5　　　　　　　　　关于 ESG 透明度的国家倡议

年份	国家	要求/建议	评论
2007	澳大利亚	《国家温室气体与能源报告法案》	公司需要提供关于温室气体排放以及能源消耗和生产的数据
2011	巴西	巴西证券交易所采用主动"报告或解释"倡议	鼓励上市公司告知是否发布了可持续性报告,如果没有,则解释原因
2014	巴西	巴西中央银行（第 4.327 号决议）	确定是否存在和执行一项社会和环境责任政策,以应对环境和社会风险
2010	加拿大	证券监管机构发布的《环境报告指南》	确定要披露的环境信息
2007	中国	《环境信息披露法》	要求进行一些强制性和自愿性的信息披露,并得到了上海和深圳交易所发布的指导意见的支持
2008 和 2012	丹麦	《丹麦财务报表法》（修正案）	要求对上一财务年度的 ESG 成果进行评估,并对未来的期望发表一份声明。关于人权和气候变化的强制性要求的最新情况
2014	欧洲	关于披露非财务和多样性信息的欧盟第 2014/95/EU 号指令,用于更新《第 2013/34/EU 号会计指令》	要求大企业在管理报告中披露环境、社会和员工方面、尊重人权、反腐败和贿赂问题、董事会多样性的情况
2001	法国	《费比乌斯法则》	投资者需要在其年度报告中披露他们是如何考虑到 SEE 信息的
2010 和 2012	法国	《格勒奈尔环保法 II》第 224、225 条	投资公司和管理人员必须披露他们如何将 ESG 纳入他们的投资决策中
2012	印度尼西亚	《证券条例 47/2012》	规定每一家公司都有社会和环境责任
2005	日本	强制性温室气体核算系统	公司必须报告温室气体排放量
2008	马来西亚	《CSR 披露框架》	马来西亚证券交易所要求披露 CSR 活动
2014	马来西亚	《机构投资者守则》	指导机构投资者的管理工作,为受益人提供可持续的长期价值
2011	新加坡	可持续性报告	证券交易所发布的上市公司可持续性报告自愿指南
2009	南非	《公司治理守则（KING III）》	需要将可持续性考虑事项纳入综合报告
2011	美国	可持续性会计准则委员会（SASB）	建立 SASB 是为了为 10 个领域中的大约 80 个行业制定可持续性会计准则

全球报告倡议组织（GRI）等全球倡议组织制定了一套在世界各地逐渐采用

的指南。最近，我们的努力是为一份独特的报告制定一个框架，该独特报告整合了一套完整的公司信息，并希望能够将这套信息联系起来，让投资者和所有利益攸关方全面了解公司的业绩。

无论是遵守条例还是通过自愿倡议，公司报告正在发生重大变化，以包含 ESG 信息。在 20 世纪 90 年代，ESG 或可持续性倡议和报告几乎不为人所知，但到了 2000 年，ESG 或可持续性报告已成为司空见惯的事情，并侧重于公司问责和业绩。在 2000 年至 2010 年期间，制定了若干标准和守则，为 ESG 活动和报告提供了形式和结构。到了 2013 年，有 10000 多家公司和其他组织发布了 ESG 报告。

这一变动试图展示各种资本对企业价值创造和业绩的重要性和贡献。这些资本包括财务资本、制造资本、智力资本、人力资本、社会和关系资本、自然资本。这些"资本"构成综合报告倡议的基础。明确的是，了解公司对所有这些资本的依赖和影响，以及它们之间的关联方式，对于理解和报告财务业绩来说是重要的。

可持续性报告是综合报告的一个内在要素，这是一项最新的发展，将财务和非财务信息的分析结合在一起，并试图解决公司如何报告 ESG 事项的问题（参见 2.3.2 综合报告）。

OECD 原则 5.1.2 要求，公司治理框架应确保及时、准确地披露与公司有关的所有重大事项，包括公司财务状况、业绩、所有权和治理等。

除其商业目标外，鼓励公司披露与商业道德、环境以及重大社会问题、人权和其他公共政策承诺相关的政策和业绩。这些信息对于投资者和其他信息使用者来说可能很重要，以更好地评估公司与其经营所在社区之间的关系，以及公司为实现其目标而采取的步骤。

在许多国家，大公司都需要作出这样的披露，通常是作为其管理报告的一部分或者公司自愿披露非财务信息。这可能包括披露为政治目的而作出的捐款，特别是在这些信息不容易通过其他披露渠道获得的情况下。

一些国家要求大公司作出额外的披露，例如按活动类别和国家（按国家分列）披露，净营业额数字和向政府支付的付款。

长期财务业绩取决于对目前未按传统会计方法衡量的资源进行的有效和有用的管理，这些资源包括人力资本、智力资本、社会和关系资本、自然资本。财务资本市场体系不足以防范未来多方面、相互关联的风险，因此应采用包容性的市场体系。

《OECD原则》认识到需要披露和透明度，而在最近对《OECD原则》进行的修订中，一般原则没有改变。然而，对更多和更好的非财务信息（对传统财务信息进行补充）的期望日益增加的趋势，反映在了额外的具体披露建议中。

毕马威在2013年进行的一项调查，审查了过去20年间，亚太地区、美洲、中东、北非和欧洲地区41个国家（地区）的约4100家公司。它显示，公司责任报告或可持续性报告已成为标准的公司做法。

2015年，毕马威发布的企业责任报告调查显示，全世界有超过一半（51%）的报告公司现在在其财务报告中纳入了企业责任信息。这一比例在2011年（当时只有20%）和2008年（仅9%）之后取得了显著增长。

公司不应该再问它们是否应该发布企业责任报告。我们认为辩论已经结束了。所有地区的高企业责任报告率，表明它目前现在是全球范围内的新标准商业做法。尚未发布企业责任报告的G250公司的领导者应该问问自己，继续逆流是对它们有利，还是让它们处于危险之中。

2.3.1.1　公司可持续发展报告的理论基础

由于每个公司的商业模式和活动各不相同，所以每个公司将以不同的方式对待可持续性。2013年，安永与波士顿学院企业公民中心合作，对企业专业人士进行了一项关于可持续性报告（超越与公司财务风险和企业许可证相关的报告）对公司价值的调查（安永，2014年）。调查结果显示，公司认为ESG或可持续性报告，通过提高公司声誉（超过50%）、提高员工忠诚度、提供更可靠的公司信息以及完善公司战略（超过30%），提高了它们的竞争优势。其他研究也显示，在可持续性报告方面排名很高的公司，提高了获得资本的机会。

IFC正在寻求更高的透明度，以便不仅在财务条件、股票价格上，而且在组织对社会的贡献上，都能对公司进行比较。

2.3.1.2　可持续性报告——规则和工具

可持续性领域的许多指导工具，为公司的应用确立了原则和标准。一些工具侧重于公司致力于可持续性的应用方法。一些工具可用于评估公司的可持续性活动。其他工具侧重于公司对可持续性活动的报告。一些工具更注重环境或人权。可用的工具、框架和方法的数量可能会导致对公司应该报告什么和如何报告 ESG 事项的混淆。在行业和国家一级制定了更多的办法。然而，大量的工具得到了越来越多的使用，许多工具已被修订，以适应新的趋势和发展。表 2-6 列出了为全球适用而开发的工具。此外，还提供了用于核算可持续性的参考资料。

表 2-6　　　　解决可持续性问题的全球工具

工具	发布/修订年份	发展
《OECD 跨国企业（MNEs）指南》	发布于 1976 年；修订于 2000 年和 2011 年	为就业、劳资关系、人权、环境、信息披露、反贿赂、竞争、税收等方面的负责任商业行为提供原则
《联合国全球契约》十项原则	发布于 2000 年	许多致力于使其战略与联合国在人权、劳工、环境和反腐败方面的原则相一致的企业，自愿使用的一套原则
《联合国负责任投资原则》（PRI）	发布于 2006 年；2014 年，得到 1250 名机构投资者的认可	机构投资者认可的原则，以将可持续性问题纳入其投资决策
国际公司治理网络《综合业务报告指南》	发布于 2015 年	就投资者对财务和非财务公司报告（包括环境和社会问题）的期望向公司提供指导
全球报告倡议组织《可持续性报告指南（G4）》	发布于 2013 年	就可持续性信息的列报向公司提供指导，涵盖公司活动的经济、环境和社会方面
《赤道原则》	发布于 2003 年，修订于 2013 年；由 34 个国家的 80 个金融机构采纳，涵盖新兴市场国际项目融资债务的 70%	由金融机构制定，作为评估项目中的环境和社会风险的金融行业基准
《联合国商业与人权指导原则》	由联合国难民署（UNHCR）于 2011 年发布，主要侧重于跨国企业；2015 年，发表了欧盟对《指导原则》执行情况的评估	由联合国制定，鼓励企业在其战略和经营中纳入保障人权的政策和程序
《综合报告倡议》（详细信息，参见 2.3.2 综合报告）	框架发布于 2013 年	由国际综合报告理事会制定，用以促进统一和全面的财务和非财务公司报告

2.3.1.3 可持续性报告的趋势

对可持续性报告进行了许多调查。以下是共同的调查结果：
- 可持续性报告正在增加。
- 支持可持续性报告的工具仍在增加。
- CFO 在可持续性的报告方面发挥着关键作用，其基础是 CFO 在报告方面的传统作用。
- 员工正在发展成为可持续性报告的驱动力。
- 可持续性排名和评级对公司高管很重要，并受到投资者的审查。
- 有一种趋势是将三重底线因素——企业的经济、环境和社会影响，纳入公司报告，如下文所述。

2.3.2 综合报告

为了全面了解一家公司的总体实力，并为投资者提供作出投资决策的充分基础，以下要素至关重要：
- 识别商业模式、战略和治理的最相关、最重要的方面，以及它们是如何相互关联的；
- 描述预期影响，以及衡量和货币化影响。

尽管人们认为货币化在某些问题上是相当主观的，但重要的是，要尽可能准确地描述重大的价值驱动因素及其影响，以便投资者能够理解它们的价值。

上文援引克里斯蒂安·斯特伦格（Christian Strenger）的观点，促成国际综合报告理事会（IIRC）在 2010 年提出了综合报告倡议。① IIRC 是一个市场主导的组织，吸收了 25 到 30 个国家的组织在公司报告方面的专业知识和经验。IIRC 是一个由企业、投资者、监管机构、标准制定者以及会计专业人士组成的联盟。IIRC 的使命是使综合报告（IR）能够融入公有企业和私营企业的主流商业惯例。它的愿景是为金融稳定和可持续发展作出持久贡献，这是通过采用 IR 作为国际报告规范来实现的。

---

① IIRC 网站 www.iir3.org 上有关于综合报告框架和当前综合报告的应用的大量信息。

综合报告是一个组织就一段时间内的价值创造进行沟通的过程,其中最明显是定期综合报告。智力资本是以组织、知识为基础的无形资产,包括知识产权、隐性知识、制度、程序以及与品牌和声誉相关的无形资产。

IIRC 协助公司组织和合理化 ESG 披露和报告。它还帮助公司确保它们与更传统的财务报告联系在一起,以全面了解公司商业模式、战略和风险中的价值创造。

IR 是一个建立在集成思维基础上的过程,它促成组织定期提交一份关于一段时间内的价值创造以及与价值创造各方面有关的沟通的综合报告。综合报告是关于组织的战略、治理、业绩和前景如何在其外部环境中导致短期、中期和长期价值创造的简明交流。

虽然年度报告仍然是投资者最重要的信息来源,但目前的报告没有足够真实和公允地反映公司的情况。这是因为 ESG、品牌价值、客户和员工忠诚度、市场位置(资本的概念)等密集的权重因素,这些因素越来越影响商业模式的长期可行性:例如,当前"无形资产"占 S&P 500(标准普尔 500 指数)市值的 80% 以上。

投资者清楚地认识到了这一点,期望公司解释它们的商业模式和管理理念,并说明它们的战略和执行计划。投资者对公司如何创造价值更感兴趣,而不只是专注于回报。

投资者对非财务问题的强烈兴趣,在于他们对追求可持续优异业绩的机会的受托责任。一项最近对 ESG 影响的分析证实,ESG 标准较高的公司受益于较低的资本成本和较高的股价表现。

IR 的目标是使在复杂的监管和商业环境中运作的企业的数据和信息流与有效的资本配置相结合,并清楚、简明地描述企业的整体地位和它是如何创造价值的。然而,要从基于历史财务信息报告的公司报告模式转变为更具前瞻性的公司报告(包含财务信息和非财务信息),这并非易事。

巴西公司治理研究所罗伯塔·西蒙尼特(Roberta Simonett)指出,"在这里应该强调的一点是,这远远超出了'将信息组合在一起',但这对于将信息连接起来和建立连接来全面显示企业的活动来说是绝对必要的。"

2009 年,南非的《公司治理金报告》纳入了对综合报告的要求。因此,南非综合报告委员会发布了一份指导文件,这一想法在 2010 年得到了更广泛的采纳。人们决定需要有一个国际框架，目的是使其成为私营企业和公有企业的公司报告规范。因此，IIRC 在默文·金（Mervyn King）的主持下诞生，默文·金还是南非公司治理金委员会的主席。

2.3.2.1 综合报告概念

综合报告背后的想法很容易理解。IIRC 认为报告是复杂的，公司报告的负担实际上导致了价值创造的真实图景的模糊。因此，仅仅通过财务报告的棱镜，甚至是历史财务报告，很难传达一个组织是如何创造价值的。我们还需要更多的信息。

世界银行正在自行实施综合报告，以测试综合报告原则是否可以适用于公有企业组织。

IR 对历史上在公司报告中发展起来的筒仓形成挑战，这些筒仓分离了财务和非财务信息，并允许信息从公司战略中脱离。在一个相互联系和相互依存更大的世界中，信息的这种划分是一个缺点。

综合报告的目的是改善和增加生产性投资的流动，向企业释放资源，在尊重可持续发展的背景下实现未来的经济增长。

IR 是一个包容的概念，IR 最重要的要素和原则之一是六种资本的概念：财务资本、制造资本、智力资本、人力资本、社会和关系资本、自然资本。这些资本有助于长期价值创造。IR 的概念是从更大的角度来看待一家公司，而不仅仅是通过导致长期现实世界对经济的影响和资本配置不当的财务棱镜来看待公司。

2.3.2.2 IR 主要要素摘要

IR 框架要求组织能够阐明其战略、价值创造模式以及对各种资源的利用，以在中长期内创造价值。下文提供了 IR 框架的要求、原则和主要要素的高级别摘要。

综合报告要求的高级别摘要包括以下主要要求：

- 综合报告应是特指的、可识别的沟通。
- 声称是综合报告并参考 IR 框架的沟通应采用所有关键要求，除非可靠数据不可用、特定法律禁令或竞争损害导致无法披露重大信息（在可靠数据不可用或特定法律禁令的情况下，应其他提供信息）。
- 综合报告应包括负责治理的人员作出的符合特定要求的声明（例如，

责任确认、关于综合报告是否按照 IR 框架列报的意见），如果此类声明未包含在内，则应披露负责治理人员的作用以及为在今后的报告中列入此类声明而采取的步骤（应在实体作出参照 IR 框架的第三次综合报告之前，提交此类声明）。

指导原则包括：
- 战略重点和未来方向：对组织战略的洞察。
- 信息的连通性：显示对组织随着时间的推移创造价值的能力的各因素之间的组合、相互关联和依赖关系的整体图景。
- 利益攸关方关系：深入了解组织与其主要利益攸关方之间关系的性质和质量。
- 重大性：披露对组织在短期、中期和长期内创造价值的能力有实质性影响的事项。
- 简洁：足够理解组织的战略、治理和前景，而不受不相关信息的影响。
- 可靠性和完整性：以均衡的方式包括所有积极和消极的重大事项，不存在重大错误。
- 一致性和可比性：随着时间的推移确保一致性，并能够与其他组织进行比较，就对组织自身创造价值的能力有重大影响的事项而言。

内容要素包括：
- 组织概况和外部环境——组织是做什么的，它在什么情况下经营？
- 治理：组织的治理结构如何支持其在短期、中期和长期内创造价值的能力？
- 商业模式：组织的商业模式是什么？
- 风险与机遇：影响组织在短期、中期和长期内创造价值的能力的具体风险和机遇是什么，以及组织如何处理这些风险和机遇？
- 战略与资源配置：组织想要去到哪里，它打算如何到达哪里？
- 业绩：组织在多大程度上实现了这一时期的战略目标，其在对各种资本的影响方面的结果是什么？
- 展望：组织在推行其战略时可能遇到什么样的挑战和不确定性，以及对其商业模式和未来业绩的潜在涵义是什么？

- 编制和列报的基础：组织如何确定在综合报告中应包括哪些事项，以及如何量化或评价这些事项？

IR 框架是更好地阐明战略的工具，也是吸引投资者进行长期投资的工具，这对于实现持久的和可持续的繁荣至关重要。

2.3.2.3 对公司的好处

公司报告交流公司 Black Sun Pic2015 年的一项研究表明，综合报告对公司有相当大的好处。例如：

- 92%的受访组织认为，IR 带来的一个好处是对价值创造的更高理解。
- 71%的受访组织认为，对董事会带来的一个好处是更好地理解组织如何创造价值。
- 87%的财务资本提供者对该组织的战略有更好的了解。
- 79%的财务资本提供者对商业模式的长期可行性有更大的信心。
- 79%的管理参与者报告说，他们基于更好的管理信息作出了更好的决策。

综合报告方面的良好做法正在形成，虽然以综合方式进行报告具有挑战性，但它使公司能够以读者、投资者和利益攸关方都可以理解的整体方式讲述其战略和风险。

毕马威 2014 年的研究表明，更好的业务报告（特别是在可持续性问题上）是有成效的，综合报告正在成为一种趋势。

新加坡南洋商学院会计学副教授 Lee Kin Wai 指出，"先前的研究已经建立了信息披露与公司价值和资本成本之间的关系。我们的研究表明，综合报告较好的公司确实享有较高的股票估值。"

新加坡南洋大学的研究[①]发现，IR 的应用与股票绩效呈正相关。南洋大学的这项研究审查了在约翰内斯堡证券交易所上市的 100 家在约翰内斯堡证券交易所上市的南非公司，在最近的三年里，约翰内斯堡证券交易所规定在"采用或解释"的基础上，根据 King Ⅲ 进行综合报告。

南洋大学的研究采用了严格的研究方法，研究人员自己也对这一发现感

[①] 南洋商学院的 Gillian Yeo、Lee Kin Wai 和 Thiruneeran 对南非的研究，对新加坡综合报告的发展是重要的，随后新加坡特许会计师协会和新加坡会计与企业监管提出了其他举措。

到惊讶。他们发现公司的股票价格因为 IR 的应用上涨了大约 9%。[①]

在 2014 年 IR 框架制定的试点阶段,IIRC 密切观察了 100 多家采用该框架的公司,结果显示它们似乎能更好地理解和阐明它们组织的战略和商业模式。据 IIRC 首席战略官乔纳森·拉布雷（Jonathan Labrey）称,试点研究参与者报告说,IR 不仅在管理内部风险方面非常有帮助,而且在通过向内部利益攸关方（特别是员工）解释（他们应该如何履行他们的责任和他们在执行战略中的作用）来传递价值方面也很有帮助。

2.3.2.4　IR 的国家发展——南非

已通过南非公司治理守则《King Ⅱ》和《King Ⅲ》,在"采用或解释"的基础上对可持续性或三重背景报告进行了规定。

许多南非公司已经提前采用了 IR 作为一种手段,将其作为按照约翰内斯堡证券交易所（JSE）2010 年《上市规则》的要求以综合方式报告财务和可持续性事项的一种手段（在"采用或解释"的基础上）。因此,南非被视为 IR 发展以及公司治理和文化领域的领头人,南非特别重视可持续发展。

南非特许会计师协会的调查显示,在那些编制高质量和真实的综合报告的组织中,对综合思维概念以及其对组织的好处有着强烈的认识。到目前为止,似乎很少有组织使用 IR 框架中概述的资本模型来识别和管理它们的资本,但对这六种资本的认识似乎并不清楚,这些都有助于创造价值的过程。

许多研究,如毕马威 2012 年的一项研究,都审查了南非综合报告的发展历程。南非特许会计师协会 2015 年发表的一份研究报告得出了以下结论：

- 约翰内斯堡证券交易所（JSE）百强上市公司和主要国有实体,都已经认识到了综合思维的好处。
- 70% 以上的实体确认,综合报告是实现综合思维的驱动力。
- 超过 70% 的受访高管和非执行董事认为,由于综合思维的使用,管理层和董事会级别的决策有所改善。

[①] 2015 年 5 月,乔纳森·拉布雷（Jonathan Labrey）在 IFC 守则与标准审查小组的讨论中提供的统计。

2.3.2.5 IR 的发展——其他国家

在综合报告中正在进行其他发展。监管机构或商业组织已在不同市场召集了实验室和网络,以了解公司报告的实际挑战以及综合报告如何促进公司和投资者之间更好的对话。在一些国家,综合报告的发展速度正在加快,并正在成为社会和经济发展的驱动力。

例如,综合报告是马来西亚资本市场总计划的一部分。马来西亚证券委员会(SC)在其《2011年公司治理蓝图》中纳入了关于披露和透明度的一个章节。它提出的总计划,建议公司促进非财务信息的有效披露。它指出,该计划的一部分将"设立一个工作队,负责审查综合报告的发展情况,并促进各公司对综合报告的认识和采用"。

在日本,现在有180家公司实行综合报告。向 IR 进行转变的主要加速器之一是日本管理守则和最近的公司治理守则的制定。日本投资者认为,他们可以将综合报告用作信息架构,支持公司董事会与机构投资者之间的高质量对话。

印度证券与投资委员会要求印度工业联合会(CII)制定了在印度市场实施综合报告的路线图。CII 成立了可持续发展英才中心,该中心与 IIRC 合作,向印度引入了综合报告,并建立了 IR 印度实验室,这是一个国家一级的网络,一个由公司、投资者、监管机构、会计师事务所和学者组成的集体,在印度进行实践和倡导,并与 IIRC 和国家网络建立桥梁。

巴西综合报告监控委员会是一个由寻求讨论和促进在巴西自愿采用综合报告的个人组成的团体。这项倡议虽然得到了 IIRC 的承认和鼓励,但它是完全独立的,是其成员的责任。该委员会在五个方面设有工作组:知识管理、沟通、先驱记者、投资者参与和学院。

2.3.2.6 IR——终极建议

从筒仓报告向综合报告的转变是一段正在展开的旅程。然而,这与世界经济论坛(WEF)每年针对全球经济面临的主要风险所做的工作非常一致。世界经济论坛的《全球风险报告》发现,没有一个国家、行业或组织能够独自或孤立地应对风险,也不可能隔离财务与非财务风险或国家风险,因为我们生活在一个相互关联的世界。

世界经济论坛主席克劳斯·施瓦布(KlausSchwab)说,这些相互关联的风险需要集体思维和回应，以及新的系统和过程，以了解它们。在世界经济论坛 2015 年报告中，首次确认了最高级别的风险实际上是非财务风险，对政策制定者、企业和投资者进一步施加压力旨在了解、衡量、管理和披露这些风险对企业、其商业模式以及价值创造的影响。

最重要的是，综合报告倡议只是旨在使公司活动对读者更透明、更容易获取和更有用的一系列举措之一。这些倡议强调了公司活动对生活和其经营所在的社会制度的真正重要性。一些倡议的重点是为商业活动奠定基础，例如《联合国全球契约》在人权、劳工、环境和反腐败领域的 10 项原则。

OECD2014 年为大型跨国企业制定了原则，以确保负责任的商业行为。一些倡议侧重于特定的群体，例如投资者，《负责任投资原则》的目标。其他一些标准，如全球报告倡议组织制定的标准（GRI，2013 年），制定了报告模式，并侧重于报告更广泛的公司活动。在非财务公司业绩的透明度和报告中，所有这些都值得考虑。

2.3.3 定期报告：少即是多?

在金融危机之后，许多对金融危机原因的调查发现，银行和上市公司作为贡献者的短期主义。英国和欧洲的若干审查[①]认为，财务信息的季度报告有助于短期的观点，从而损害了长期的观点。在世界各地的许多情况下，人们决定在短期内实现财务业绩最大化，但在其他方面产生严重后果，这会产生最终影响中期或长期财务结果的反弹效应。

过于频繁的报告鼓励企业和投资者作出牺牲长期回报的短期决策，通常可能会增加风险，并对社会和环境产生其他影响。马莎百货、英国石油公司、帝国化学工业、苏格兰皇家银行、苏格兰哈利法克斯银行和葛兰素史克等公司，以牺牲长期投资和公司的可持续性为代价，转向短期主义并遭受了短期主义的较大影响。

过于严格的报告要求会促进公司、投资者和市场中介机构过于关注短期

---

① 2009 年，关于英国银行和其他金融机构公司治理的沃克审查（Walker Review），调查了公司治理失败，特别是苏格兰皇家银行和苏格兰哈利法克斯银行的公司治理失败。

业绩；激励收益管理；以及对公司施加不必要的监管负担，但却不为投资者提供有用或有意义的信息。季度收益结果太短，无法为投资者提供恰当的业绩信息。关键是要在短期和长期观点之间取得适当的平衡，而不是用报告周期驱动商业决策。

2013年在欧洲，金融危机后的审查促成对《透明度指令》（最初于2007年通过）进行了修正，取消要求上市公司发布季度财务报告的要求，许多人认为这是对短期主义的刺激。这项修正案于2014年在英国开始实施，目前正在欧盟各成员国获得采用。该修正案允许国家证券交易所实施比拟议指令更严格的报告要求。

然而，并非所有市场都愿意取消季度报告。美国继续引导季度报告。新加坡在2003年实行了强制性季度报告制度，并继续要求这样做。学术界和经济研究界的研究对季度报告的支持程度参差不齐。德国最近关于强制性季度报告的两项研究表明：

- 它不减少信息不对称，而是使公司偏离其先前的投资战略。
- 它影响公司的商业决策，具有季度收益信息的公司显示出对实际活动的更强操纵；它还与长期经营业绩下降有关。

在德国，保时捷（Porsche）拒绝发布季度信息，甚至作出了被排除在有声望的股市指数之外的牺牲。2009年，英荷消费品公司联合利华（Unilever）从季度报告转向半年度报告。首席执行官保罗·波尔曼（Paul Polman）认为，此举将有助于该公司专注于更长期的投资前景。

相反，一些早期的研究（傅等人，2012年；拉诺迪亚和李/Kanodia and Lee，1998年；吉格勒/Gigler等人，2014年）发现，较高的报告频率与较低的信息不对称和较低的资本成本相关联。这些研究确定了季度报告对市场的信息好处，认为更频繁的报告增加了财务信息的及时性，从而有助于提高透明度和加强监控。

显然，关于季度报告的好处或其他方面的辩论尚未结束。然而，我们已经看到监管机构和公司从季度报告转向限制短期管理决策和行为。欧盟的讨论证实了这样一种观点，即要求企业立即公布市场变动信息，已经充分保障了投资者保护。然而，如果公司认为这对投资者和公司在市场上的地位是有益的，公司本身可能希望继续按季度进行报告。

2.3.4 审计改革

对金融危机的审查(伊达尔戈/Hidalgo,2011年)导致全球审计准则制定者——国际审计与鉴证准则理事会(IAASB)发布了《国际审计准则》(ISAs)的修正案。这些审查促使若干国家或地区修订其对审计师和审计委员会的要求,以确保提高外部审计结果和活动的透明度。因此,标准制定者和监管机构引入了一系列旨在加强对审计过程的理解的要求,包括在审计期间作出的重要判断。

IAASB以及欧盟、英国、美国和许多其他国家的监管机构和审计监督小组,希望解决审计报告的风格和内容对投资者没有用处的看法。

虽然财务报表的使用者表示,审计师对财务报表的意见是有价值的,但许多人要求审计师的报告提供更多的信息和相关性。

对审计报告的变化还将有益于:

- 加强投资者与审计师之间的沟通,以及审计师和负责治理的人之间的沟通。
- 提高管理层和负责治理的人对审计报告中提到的财务报表中作出的披露的关注。
- 审计师重新关注拟在审计报告中传达的事项,这可能间接导致更强的专业怀疑态度。

2.3.4.1 IAASB改革

IAASB审计报告改革的目的是提高透明度,以及提高审计报告的信息价值。采用国际审计准则(ISAs)的国家(地区)将采用IAASB发布的适应当地环境的新准则。

2.3.4.2 区域和国家审计改革

在编写本书时,已经或正在发布采用新审计报告要求的区域和国家倡议如表2-7所示。

不同的国家(地区)可能以不同的方式解释新的审计要求,有些国家(地区)还增加了审计要求。例如,荷兰法律增加了外部审计师提供非审计服务的限制;在西班牙,实施《欧盟第2014/56/EU号指令》和《欧盟第

537/2014 号条例》的法律包括：根据欧盟审计规定，外部审计师的强制轮换期为十年（如有联合审计报告，则再加四年）。

表 2-7　采用审计报告变化的国家（地区）

年份	组织	进展
2011~2014	IAASB	审查和重新发布了 ISA 700 系列准则，要求各国家或地区采用 ISAs，在审计报告中引入新的内容（在欧盟和英国被称为"详细审计报告"）
2013	英国财务报告理事会	改变了扩大审计报告的要求，要求包括审计范围的概述，说明这如何解决审计风险和重要性问题。 描述了对以下方面产生最大影响的风险： ● 总体审计战略， ● 审计中的资源配置， ● 指导参与小组的工作。 解释了 FRC 是如何将重要性概念应用于审计规划和执行的
2014	欧盟法定审计指令	修订了《欧盟法定审计指令》（第 2014/56/EU 号指令），要求纳入 IAASB 新准则所提议的变动，并在 2016 年前将其纳入欧盟成员国的条例
2011~2013	上市公司会计监督委员会（美国）提案	制定和起草了新的提案，以加强审计报告的内容

2.3.4.3　审计改革导致的公司治理变革

在欧盟和英国实施审计改革方面，有一些显著的效果。新的报告格式提供了审计师在审计过程中考虑的关键审计事项，并为投资者提供了便利与董事会和审计委员会对话的要点。人们已经开始关注外部审计师监督，审计委员会的作用受到新的压力和要求的制约，其中包括：

● 扩大对审计委员会"财务专长"的需求，包括关于审计方法的知识；

● 委员会需要更加独立；

● 要求提高审计师委任过程的透明度，特别是在对审计师轮换作出规定的情况下。

新审计报告要求，对上市实体的财务报表进行审计时，必须强制执行，对除上市实体之外的实体的财务报表进行审计时，自愿采用：

● 用于传达关键审计事项（KAM）的一个章节。根据审计师的判断，在本期财务报表的审计中最重要的事项,即为关键审计事项。
- 披露参与伙伴的姓名。

对所有审计来说:
- 意见章节必须首先列示,然后是意见依据章节,除非法律或法规另有规定。
- 审计师要加强对持续经营的报告,包括:
  - 说明管理层和审计师各自对持续经营的责任;
  - 在存在重大不确定性,并充分披露的情况下,在"与持续经营有关的重大不确定性"标题下,另设一个章节;
  - 在事件或条件被确定为可能会对一个实体的持续经营能力产生重大怀疑的时候,质疑"密切联系"披露是否充分的新要求,考虑到适用财务报告框架。
- 关于审计师独立性和履行相关道德责任的肯定声明,并披露提出这些要求的国家或地区或参照国际会计师道德标准委员会的《专业会计师道德守则》。
- 加强对审计师职责和审计关键特征的描述。审计师职责说明的某些组成部分可在审计报告的附录中列出,或在法律、法规或国家审计准则明确允许的情况下,在审计报告中引用适当主管当局的网站。
- 要求提高审计委员会活动的透明度,特别是关于与审计师和内部审计师的讨论;
- 加强监管机构对审计质量和有效审计监督的重视。

Eumedion 常务董事瑞茨·阿布玛(RientsAbma)指出,"在荷兰,较长格式的审计报告(即详细审计报告)广受好评。它们从投资者的角度更深入地了解了审计师的工作。"

在英国,公司治理守则要求审计委员会报告重大审计事项以及它是如何处理这些事项的。

毕马威 2015 年的一项调查为审计委员会提供了关于相应发展情况的宝贵讨论。调查发现,接受调查的审计委员会成员中,有 3/4 的人表示,履行职责所需的时间略有增加(51%)或显著增加(24%),有一半的人表示,他们的作用变得越来越困难。根据这份报告,"对审计改革的看法参差不齐……审计人员仍有空间提供更多的洞察力"。

美国证券交易委员会时任主席玛丽·乔·怀特（Mary Jo White）指出，"有效的审计委员会监督对于保护投资者和资本市场的运作至关重要……审计委员会对独立审计师进行监督的方式已经发生了变化，重要的是评估投资者是否拥有作出知情决定所需的信息。"

2.4 股东权利：关联方交易和受益所有权

在加强股东权利的过程中，经过审查的两个领域是关联方交易和实益所有权。下文将分析影响这两个领域的变化以及当前关于良好做法的想法。

2.4.1 关联方交易

公司必须面对的公司治理挑战之一是确保所有股东在面临关联方交易时都受到保护。关联方交易可能是有益的，但它们会受到利益冲突的影响，并且可能会对一些股东产生损害。OECD 认识到了关联方交易的重要性，并提出了两份关于这一专题的指导文件。

基于董事对公司的受托责任，广泛而多样的行为加强了股东对滥用关联交易的定位。大多数国家或地区都对关联方交易作出了合理的定义。某些特定的关联方交易是被禁止的；更经常的是，各个公司和国家（地区）对重大关联方交易提出了批准要求，并加强了披露要求。

2.4.1.1 关联方交易禁令

通常在公司法和条例中都会提到，关联方交易被认为是一个正常的业务方面，可能会被滥用，也可能不会被滥用。然而，在一些国家（地区），某些特定的关联方交易已被禁止，例如公司与董事之间的贷款。法国、印度、韩国、土耳其和美国都有一些关联方交易禁令。

2.4.1.2 关联方交易披露

几乎所有国家（地区）都采用了国际会计准则理事会（IASB）发布的

《国际财务报告准则》（IFRS），包括"国际会计准则第 24 号：关联方交易披露"或类似于 IAS 24 的当地准则。"国际会计准则第 24 号"规定了一些关于需要披露的关联方交易的信息。此外，国际证监会组织（IOSCO）2015 年对投资者披露进行了一项有趣的调查表明，在 37 个 IOSCO 国家（地区）中，约有 26 项关于及时披露材料的要求，并且通常规定了披露的时间框架（2 至 7 天为标准）。

因此，根据"国际会计准则第 24 号"，公司必须至少每年在其财务报表（或财务报表附注）中披露与董事、高级管理人员、控股股东、重要股东或他们的关联方之间的任何交易，包括关系密切的家庭成员、合作人和关联实体（公司、信托、私人实体等）。除了年度披露外，《OECD 公司治理概况》显示，在所有接受调查的国家（地区）中，有 1/3 的国家（地区）要求立即向公众和股东披露重大关联方交易及其条款和条件。

所有披露的目的是向股东提供足够的信息，以评估关联方交易的规模和对公司的影响。关联方交易披露的质量被认为是有不确定的，在一些国家（如加拿大、爱尔兰、马来西亚、新加坡和英国）已经发布了确保关联方交易披露质量的指南。

例如，一项描述银行对关联方交易的管理的一般性和信息量少的披露，会写道：

审计委员会审查并批准银行参与其中或打算参与其中的所有重大关联方交易。

一项信息量多的声明，会写道：

银行的管理团队讨论所有的关联方交易。在审议关联方交易时，管理层将根据拟议关联方交易的定性和定量方面的信息，逐案评估关联方交易的重大性。处于正常过程中的关联方交易，应受到与其他交易一样的流程和控制的规限，也就是说，它们受标准审批程序和管理监督的规限，但管理当局还会考虑其是否符合公允价值。被认为具有重大性的关联方交易，须经由独立董事组成的银行审计委员会的审查和批准。

2.4.1.3 关联方交易的批准

大多数国家或地区要求所有关联方交易都必须获得董事会的批准。然而，关于董事会审查和批准特定关联方交易的做法各不相同。良好做法包括：
- 制定并在公司网站上公开公布关联方交易政策；
- 为需要事先获得董事会批准和（或）股东批准的重大关联方交易设定阈值；
- 在就关联方交易作出决策时，将有利益冲突的各方排除在外；
- 由独立董事会成员对关联方交易的条款和条件进行审查，并向董事会提出建议；
- 对关联方交易进行独立、正式的评估；
- 由董事会对关联方交易进行记录和监控，由外部审计师对关联方交易进行审查；以及
- 特定重大关联方交易须经股东批准。

如果需要股东批准特定的关联方交易，作为对董事会批准程序的补充，则这通常是事先批准，并且仅适用于大型交易和（或）不按市场条款和条件进行的交易。一些国家或地区特别禁止有利益冲突的股东对关联方交易决议进行表决。

2.4.2 受益所有权

投资者需要了解在他们希望进行投资的公司中拥有个人股权的各方。从2002年到2012年，在OECD和非OECD国家，公司的集中所有权从22%的上市实体增加到了41%的上市实体，这使其特别令人感兴趣。

控股股东的存在可能会劝阻小型投资者投资一家公司。如果与控股股东共同投资一家公司，小股东可能会感到比较脆弱。在存在控股股东的情况下，公司治理动态可能会发生变化。因此，许多投资方都有兴趣确定控制某一实体的其他各方的身份。

投资者对金融市场的信心很大程度上取决于是否存在一个准确披露制度，为上市公司的受益所有权和控制结构提供透明度。以所有权集中为特征的公司治理体系尤其如此。

考虑到有大量的中介机构（如信托、代名人公司/账户、企业载体链）可能会介入，通常很难区分最终受益所有者和公司控制权。此外，这个问题

还有可能是故意不透明的。

在所有市场，尤其是新兴市场中，国家和家族控制企业或者金字塔式控制结构十分普遍，而且因为这类结构在过去曾被用来损害小股东，因此一个强有力的监管环境是非常重要的。关于所有权的信息也很重要，这类信息应该是充分、准确和最新的。由于预期公司将更多地与股东接触，并且鼓励股东和机构投资者定期关注其被投资公司的事务，所以公司和股东都需要知道重要股东的身份。因此，监管机构一直在引入强化的披露和执行制度，以确保实体的所有权结构是透明的，即使是在股权分散的市场环境中。（还可以参见1.4.3 确保更强的股东参与）

2.4.2.1 受益所有权的披露

公司法或上市规则中一般都有控制措施，以防止控股股东或大股权持有人的机会主义行为。在一个以公司控制和内部联盟为特征的环境中，欧盟早就认识到强制披露重大股权的重要性。[①]

该指令第9条规定，其证券在受监管市场上交易的上市公司的投资者必须披露股份的收购或处置情况。以5%的表决权为阈值，每个区间为5%，直到30%。

需要在四个交易日内发出通知。然而，最近出台了更严格的报告和披露规则，以发现公司的最终受益所有者。意大利要求披露关于重要股东的所有权和控制权的详细信息，并要求最终控股股东发出2%头寸以上的持股通知，包括多头和空头头寸。有证据表明，机构投资者将其头寸保持在略低于2%的水平以隐藏所有权，监管机构意大利证券交易委员会（CONSOB）正在根据这些行动对其条例进行审查，并认识到5%的全球标准是更高、更灵活的。

此外，具有控股股东结构和使用控制增强结构（如中国、印度尼西亚和马来西亚）的新兴市场也已经引入了关于披露受益所有权的法规。[②] 自2013年6月八国集团峰会以来，八国集团国家已经采取了更严格的措施来提高受

[①] 参见欧盟委员会《88/627/EEC 指令》。关于受益所有者的规则于2004年进行了修正，并于2007年实施。

[②] 其他例子可在中国和马来西亚以及其他新兴市场的监管发展中找到。马来西亚的披露制度确实更广泛和详细。

益所有者的透明度，以建立公司的信任和透明度，促进跨国投资，防止欺诈、洗钱和逃税。其他国家（地区）也紧随其后（参见表 2-8）。

表 2-8 受益所有权规则

国家	来源	受益所有权规则的修订
加拿大	《八国集团行动计划 2.0》	• 2014 年，确定了一项用于实施英国和美国的措施的《行动计划》
丹麦和挪威	积极响应	• 到 2013 年，丹麦和挪威承诺建立实益所有权信息的公共登记处
英国（预期还将影响马恩岛、根西岛、泽西岛、百慕大群岛、开曼群岛和英属维京群岛）	商业、创新与技能部—透明度和信任项目及法案草案	• 根据《公司法（2006）》第 22 部分的披露和透明度规则，建立向公众开放的公司受益所有权信息的中央登记处。 • 要求公司维持一份受益所有者登记簿。 • 关于受益所有人的信息：全名、出生日期、国籍、常住国或州、居住地址、信件送达地址、取得公司受益权的日期、受益权的详情、如何持有受益权。 • 要求受益所有者向公司通报在受益所有者登记簿中记录的信息的任何变更。 • 禁止发行新的无记名股票，也禁止使用公司董事
美国	证券交易委员会	• 要求根据《证券和交易法（1934）》向证券交易委员会提交附表 13D；向公司和发行人的交易所提供提交给证券交易委员会的文件。 • 当一个人或一群人获得根据《证券和交易法（1934）》第 12 条登记的公司权益证券的 5% 以上表决权股票的实益所有权时，他们必须在达到 5% 水平后的 10 天内向证券交易委员会提交附表 13D。 • 所要求的信息与英国要求的信息类似。 • 自新法规出台以来，证券交易委员会已对公司的合规情况进行了审查，截至 2014 年 9 月，已有 34 家公司被控不遵守该法规
其他	《八国集团行动计划》	• 其他八国集团的执行国是法国、德国、意大利、日本和俄罗斯。2015 年 5 月，欧盟要求其成员国在 2016 年之前建立受益所有权登记处

现在，经纪人、经销商、银行、保险公司、投资公司、母控股公司等都有更强的义务来报告最终受益所有权。甚至某些行业也制定了一些举措，以确保公司受益所有者的透明度。《采掘业透明度倡议》是一个例子，它为成员的使用制定了一个受益所有权的范本。

第 2 章　公司治理发展：做法及问题

例如，Bapepam-LK 是印度尼西亚资本市场监管机构。根据关于提交年度报告的义务的"Bapepam-LK 规则第 X.K.6 号"，上市公司必须每年披露和报告关于持有公司 5% 或以上股份的重要直接股东的信息。

这一信息也可在印度尼西亚证券交易所的网站（www.idx.co.id）上查阅。"Bapepam-LK 规则第 X.M.1 号"要求所有持有 5% 或以上流通股股份的重要直接股东，向印度尼西亚资本市场监管机构提交一份包含其股权信息的报告……自交易之日起十天内。

2.4.2.2　受益所有权规则及其执行

披露规则本身不一定意味着准确和符合规定的披露做法。规则应该得到适当的监督、监控和执行的支持，规则的有效性在很大程度上取决于监管机构的执行能力。然而，在受益所有权规则方面，执行制度和机制差别很大。大多数国家或地区将相当多的资源用于这一领域的执行。公共执行可以是正式的，也可以是非正式的，在意大利，它可能涉及罚款、暂停表决权，或非正式的做法是要求更新信息或谴责。在美国，证券交易委员会可能会提醒违约提交人他们的义务，并建议他们立即自愿提供信息。在马来西亚，采用了正式的公共执行机制，通常由罚款和监禁组成，或者可根据违约情况将事项提交至高等法院。

在许多情况下，获得石油、天然气和矿物开采权的公司的真正所有者"实益所有者"的身份是未知的，往往隐藏在企业实体链的后面。这种不透明度会滋长采掘业的腐败、洗钱和逃税。

11 个采掘业透明度倡议（EITI）国家：布基纳法索、刚果民主共和国、洪都拉斯、吉尔吉斯共和国、利比里亚、尼日尔、尼日利亚、塔吉克斯坦、坦桑尼亚、多哥和赞比亚，正在进行试点，将披露在本国经营的采掘公司背后的真正所有者的身份。蒙古、缅甸、挪威、菲律宾、塞拉利昂和英国也表达了它们在这方面的兴趣，并正在开展实益所有权方面的工作。

一个或多个股东通过衍生诉讼进行私人执行的可能性较小，因为这类诉讼的诉讼成本很高，涉及很大的不确定性，而且是基于小股东对受益所有权信息的获取的。

IOSCO 作为全球证券市场监管机构，日益呼吁各国证券监管机构和其他执行机构在这一领域开展合作。IOSCO 为交流信息和支持建立了谅解备忘录。

尚未通过披露要求得到充分解决的挑战是,在这一领域找到国家和国际、公共和私人、正式和非正式执行机制的适当组合。这是公司治理范围内正在进行的一项工作。

2.5 对公司治理发展的承诺

《IFC公司治理方法框架》的主要原则之一是,公司和股东表达他们对公司治理、实施高质量公司治理政策和做法(超过法律或法规的最低要求)的承诺。从最基本的层次到采用最佳做法的先进层次,一家公司对公司治理的承诺程度可能有所不同。

在考察和评估公司对公司治理的承诺时,不仅关系到公司在哪里,而且关系到公司及其领导层在公司态度、做法和人员方面促进良好公司治理的方式。这是一项将公司治理做法推动至更高、更好状况的计划。

根据IFC公司治理进展矩阵,[①] 如果具体的政策和程序已到位,并正在公司内实行,则通常会显示出承诺。这包括:

- 全面的公司章程或章程细则,将包括强有力的股东保护条款和涉及股东公平待遇的声明。章程还将明确区分股东(特别是股东大会)、董事、管理或执行团队的权力和权限。章程还将承诺提高公司治理和活动的透明度,并披露有关公司治理和活动的信息。

- 公司制定经董事会批准并适用于董事会和所有管理层的书面的、公开公布的道德守则或行为守则。

- 指定一名公司官员负责确保公司遵守所有法律法规和公司治理政策。

- 公司有一份书面的、公开公布的公司治理守则和年度公司活动日历,以及定期检查公司是否符合其公司治理守则,并向股东报告。

在全球最佳做法中,对公司治理的承诺包括:将不断变化的公司治理最

---

① 这一矩阵是IFC公司治理方法的一部分,IFC在其投资中使用这一矩阵,许多其他开发机构也使用这一矩阵。

佳做法纳入公司治理守则，确保高质量的财务报告、会计和审计（内部审计和外部审计），全面的股东信息和广泛的参与实践。

人们对公司治理承诺和文化产生了新的兴趣，因为他们认识到，有缺陷的文化是企业灾难的一个共同因素。面临的挑战是如何调整董事会的任务和传统的公司治理方法，使董事会能够清晰地表达和嵌入塑造整个公司行为的强大价值观。董事会需要确保他们想要的价值观是他们真正拥有的价值观。传统的公司治理不涉及文化问题，而是由过程驱动的。

需要采取一种新的公司治理办法，承认价值观和文化在创造和维护价值方面的重要性。董事会为确保公司治理的价值在整个公司得到承认而采取的行动，以及董事会通过工具、举措和培训促进和调动公司治理的方式，正在受到严格审查。公司治理承诺是通过其文化中的政策、过程和行动来体现的，这些政策、过程和行动将公司治理嵌入到公司活动和价值观中。

文化是无形的，难以衡量的，不同国家和不同公司的文化是不同的。然而，它仍然是良好公司治理的基础，并且让董事会和管理团队参与其建设和展示。公司治理文化包括规范、习俗、传统、规则、价值观以及公司和公司内部的个人如何做生意的行为标准，不论是成文的还是不成文的。良好的公司治理文化将使公司遵循良好的治理做法，不仅在文字上，而且还在精神上。根据致同会计师事务所的说法，9/10 的商界领袖认为文化对于稳健的治理架构是很重要的，而董事们普遍认为，需要培养这种文化的是董事会（致同，2015 年）。

单个公司的治理在很大程度上取决于文化。不幸的是，我们仍然看到治理失败的例子。董事会有责任在董事会内部和整个组织内塑造文化，这需要时刻保持警惕。这不是一项容易的任务。

英国财务报告理事会承诺在 2015 年努力制定企业文化、行为、价值观和道德方面的最佳做法，并为董事会和整个公司的文化提供保证。自 2012 年以来，FRC 一直在监控对偏离《英国守则》的解释，并将继续这样做。它预计将继续在几个领域制定指南，以确保将最佳做法（如继任规划指南和提名委员会的作用）嵌入公司治理制度中。

其他机构也表示希望看到企业文化的改变，以改善公司治理，带来更好的行为和更有针对性的公司个人业绩激励。修订后的《G20/OECD 原则》为证券交易所、投资者和监管机构发展对良好公司治理的承诺提供了指导。此外，ICGN、商业道德协会（IBE）和特许秘书和行政人员协会（ICSA）2015年编写了一份关于确定企业文化指标和识别不良行为警告信号的报告。

加强企业文化日益被视为降低风险的一种手段，特别是被其主要重点是保护市场和公众免受公司"灾难"影响的监管机构视为一种手段。

欧盟委员会关于公司治理报告质量的建议指出，应改进公司治理报告，特别是在不遵守"遵守或解释"制度下的有关守则的情况下。应说明偏离守则的方式和理由，如何作出偏离守则的决定，公司何时正视遵守守则，以及如何采取其他行动以符合守则的精神。

公司在偏离公司治理守则时所提供的解释的质量是不足的。在这方面，欧盟委员会绿皮书的绝大多数回应者赞成要求公司在偏离守则时提供更高质量的解释。

越来越多地通过公司在以下方面的行动，对公司治理发展和良好公司治理文化的承诺进行观察和衡量：制定高标准，积极提高对公司良好做法重要性的认识，公开评估这些做法（赞扬良好做法和根除不良做法），以及在支持最佳做法方面表现出强大的领导力和勇气。这可以通过多种方式实现：

• 确定价值观和原则方面的领导力努力，以支持企业治理意识的文化。领导力可以确立高层的基调，采取相应的行动，以及培养一种责任、负责、透明和公平的文化。

• 在一个实体中，良好的公司治理文化是通过道德守则、政策和做法来建立的，创造健全的向上反馈渠道，即使在充满挑战的时代，也要始终如一地应用。

• 预期价值观和行为的全面和定期沟通。

• 定期审查组织的做法和内部文化，包括但不限于内部审计师。

• 定期进行公司治理和董事会评估，以确保董事会提名和继任计划以及公司治理政策的效率和效力，从而制定相关发展倡议的方案，包括评估董事会讨论、辩论和审议的稳健性。

• 确保在实体内建立完整的公司治理制度，并以整体和相互关联的方式运作。

• 确保和观察一个实体内公司治理的三个关键参与者（股东、董事会和执行官）的凝聚力，包括股东的参与是建设性和富有成效的，并以持续的关系为基础。

- 至少，遵守适用的公司治理法规，并超越不受守则限制的公司治理最佳做法领域（如增加的董事会）包括提高董事会多样性、质量审计和风险监督做法、全面披露、透明的薪酬做法。

2.6 趋势和未来发展

公司治理做法未来发展的趋势包括如下方面：

- 提高董事会的多样性，包括年龄、性别、种族、背景和经验，被认为是有价值的，是未来关注的焦点。请注意，多样性包括性别，但超出这一范围，以包括不同的方法和观点，这些方法和观点一起有助于建立一个能够处理日益复杂的环境的强有力的董事会和有弹性的公司。
- 对提高业绩和责任的期望，将进一步挑战审计委员会把更多时间用于委员会活动以及与内部审计师和外部审计师的沟通。
- 全球趋势是需要对董事会进行一些评价，目的是促成更好的做法和董事会继任规划。预计一些国家或地区将规定对董事会进行评估和（或）报告董事会评估。
- 预计公司将增加董事会对全企业有效风险监督、风险偏好和风险文化发展的知识、时间和关注。
- 内部审计师的作用正在从内部控制有效性的内部审查员/检查者转变为值得信赖的顾问；内部审计师将增加他们的技能和经验，以适应新环境的要求。
- 支持更加注重公司可持续性的活动将继续进行。这意味着董事会需要更全面的观点，这将以战略方式考虑环境、社会和经济问题。
- 对非财务公司事项报告的需求将继续增加，如何成功地报告这些更广泛的公司事项的模式将继续发展和应用。
- 新的审计报告风格应促成审计委员会与外部审计师之间加强沟通，

并应鼓励股东更好地与董事会就审计问题进行接触。

- 目前规定的审计师轮换和审计投标，都太新了，还无法显示影响。
- 预计关于关联方交易的条例和做法以及受益所有者的透明度将进一步发展。
- 人们越来越重视企业文化，以及制定良好文化的指标和可能导致反常行为的不良文化的警告信号。

第 3 章
公司治理守则的全球发展

1992~2010 年,随着 1992 年《卡德伯利报告》的出版和 1998 年英国第一个《公司治理综合守则》的定稿,公司治理守则在发达经济体和新兴经济体变得司空见惯。1999 年,OECD 发布了一套适用于 OECD 国家的原则,这一原则也得到了更广泛的采纳。

在此期间,发布和修订了若干守则,有时发布和修订了不止一次。《OECD 原则》于 2004 年修订,并于 2015 年进行了再次修订。《英国综合守则》于 2003 年、2010 年和 2014 年分别进行了修订和重新发布。南非推出了其第一个公司治理守则《King Ⅰ》,现在正在考虑推出该守则的第四个版本《King Ⅳ》。发达市场和新兴经济体的其他国家已经采用和修订了公司治理守则。从各国的经验中可以学到很多东西,因为它们努力通过守则进行更好的公司治理。

3.1 公司治理守则关键问题综述

最初,公司治理守则的制定被认为是对公司治理领域的法律法规的补充。制定并允许以灵活的方式应用守则,以避免限制公司实现战略和创造价值的自由。这种灵活性被称为"遵守或解释"制度,允许公司以各种方式遵守守则要求，如果没有遵守，则解释它们为什么没有应用该要求，这是最常用的方法。①

对守则的理解和方法因公司所处的法律传统和框架而不同。它们也根据国家、公司和个人对公司治理守则的观点、法律背景和假设而有所不同。

在最近对适用于所有国家的公司治理守则的分析和对所有类型公司的审查中，世界银行发现大约有112项守则适用于上市公司。对这些守则进行了分析，以在考虑"守则起作用意味着什么？"这一问题之前确定各种应用方法。

公司治理最佳做法守则是一套不具约束力的建议，旨在改善和指导某一国家特定法律环境和商业背景下的公司的治理做法。这些守则通常以原则为基础，侧重于具体国家的问题。它们的焦点或范围可能不同，并且可以是比较详细的，也可以是比较不详细的。无论旨在恢复投资者信心还是支持更好的投资环境，许多国家都采用了最佳做法守则，以此作为一种引入国际标准的途径，并使它们适应于当地环境。

最初的挑战是确定什么可以被认为是一个守则。是否只有那些自称是守则的文书才能是一项守则，或者那些不被称为守则但作为守则运作的其他文书，是否包含在内？例如，在印度，《Clause 49》与公司治理守则相当，即使它不被称为守则，并且包括在数据库中。

在112项守则中，约有27项是完全自愿性的，与监管框架没有任何联系，8项是完全强制性的，7个国家似乎有一定程度的强制性规定。数据库中的所有其他守则都是公司和国家努力使之发挥作用的"遵守或解释"主题的变体。

---

① "遵守或解释"方法允许公司遵守公司治理守则，或解释为什么不遵守公司治理守则和它们是怎样实现原则的目标的。另一方面，南非要求使用"应用或解释"方法，公司必须应用公司治理守则，并解释它们是如何做的，两种方法的重点不同。在一些国家，如英国和马来西亚，退出了"管理守则"，旨在增强资产所有者、资产管理人和公司之间的参与质量，以改善股东的长期风险调整后回报。在英国，守则列出了FRC认为机构投资者应追求的良好做法的多个领域。它还描述了资产所有者在保护和增强归属于最终受益人的价值方面可采取的步骤。

3.2 守则和框架的定期审查

自 2008 年金融危机以来,出现了大量的守则修订,以解决公司治理方面的明显缺陷。在研究、讨论、公开磋商和圆桌会议之后,已经或正在更定期地对守则进行修订,然后在清楚地描绘这些问题之后引入改变。欧洲公司治理研究所（ECGI）①网站引用了自 2015 年 1 月 1 日以来的 14 项守则修订。表 3-1 提供了最近的守则制定的例子。

表 3-1　　　　　　　　　　　守则修订

国家/经济体/组织	日期	活动
OECD《公司治理原则》	2015 年 9 月	修订和重新发布
OECD《国有企业公司治理指南》	2015 年 9 月	修订和重新发布
ICGN《公司治理原则》	2014 年 10 月	修订和重新发布
澳大利亚	2014 年 3 月	修订建议
巴西	2015 年 11 月	修订《IBGC 巴西守则》（第 5 版）
保加利亚	2012 年 2 月	修订和重新发布
加拿大	2013 年 1 月	重新发布指南
丹麦	2014 年 11 月	修订建议
法国	2013 年 6 月	重新发布上市公司守则
德国	2014 年 6 月	修改守则
中国香港特别行政区	2014 年 12 月	修订守则
意大利	2014 年 7 月	修订和重新发布守则
日本	2015 年 6 月	首次推出守则
肯尼亚	2016 年 5 月	修订和在公报上公布守则

---

① ECGI，是一个国际科学非营利机构，为学院、立法者和从业者提供了一个辩论和对话论坛，关注于重大公司治理问题，并据此推广最佳做法。其主要作用是进行、委托和传播关于公司治理的研究。关于 ECGI 工作的信息，参见 www.ecgi.org。

续表

国家/经济体/组织	日期	活动
荷兰	2015年5月	公告修订
挪威	2014年10月	修订和重新发布守则
新加坡	2012年5月	修订和重新发布守则
南非	2016年1月	正在进行守则修订
西班牙	2015年2月	修订和重新发布守则
斯里兰卡	2013年9月	修订和重新发布守则
瑞典	2015年9月	修订草案、发布守则
瑞士	2014年9月	修订和重新发布守则
土耳其	2014年1月	修订和重新发布守则
英国	2014年9月	修订和重新发布守则

这些守则发展和对其发展的讨论，使我们了解到公司治理守则在鼓励更好的公司治理做法方面的地位。从这些修订中，我们可以观察到守则审查中的问题。修订内容如下：

- 为更好地平衡法律、法规和守则中的公司治理要求而作出的调整；
- 解决在某些环境中发现的"遵守或解释"制度的缺陷；
- 在当地和其他国家（地区），识别各国（地区）希望推出的新的和更好的做法；
- 影响公司治理守则规定的法律和法规的变化，如欧盟法律和法规的修改，要求对欧盟成员国的守则进行修改；
- 因特定公司问题或当地需求而产生的地方性问题；
- 有必要解决在公司对守则规定的反应中注意到的缺陷。

3.3 强制规定公司治理：一场尚未结束的辩论

随着公司治理守则的发展已经成熟，许多时间都在讨论区分哪些应该放在法律或法规中，哪些应该放在守则中，守则的应用更加灵活。

许多国家（地区）最近修订了公司、证券、银行方面的法律和证券上市规则，以解决在特定国家（地区）出现的问题。它们将某一个条目从守则中转移到法律或法规中的理由是，这是一个不能任由选择或解释决定的重要问题，因此应该是强制性的，然后将这些问题从公司治理守则中删除。总的来说，制定了新的和更高的标准。

根据英格兰银行 BCBS 公司治理工作组的斯蒂芬·布兰德（Stephen Bland）的说法，巴塞尔银行监管委员会发布的关于公司治理的新指南，旨在有效地区分 BCBS 认为的董事会需要确保其需要监督并满足的事情和其他领域。布兰德说："监督并满足是一个略高于监督的测试，这可能意味着仅仅是观察，但监督并满意是我们的最低测试。"

一些国家（地区）注意到，当地环境使公司不采用守则中确立的原则。立法机构和监管机构认为，只有在这一问题得到立法或监管的情况下，他们才会这么做。然而，要找到法律和法规与"软法律"或守则应用的均衡和适当组合，是一项具有挑战性的工作。

守则通常是"软法律"——不要求公司执行这些规则，但当公司不按守则的规定做时，就必须向市场作出披露（所谓的"遵守或解释"方法）。这种方法对上市公司的灵活性有许多好处，因为它允许并鼓励在不同类型的公司之间取得适当的平衡。

很难将应纳入守则中的内容与应纳入法律中的内容区分开来。在某些领域，这一问题显然应纳入法律或法规中。例如，有关审计财务报表、必须委任审计师、必须在年度股东大会前若干天发出年度股东大会通知的规定，几乎都是需要纳入法律或法规中的问题。在任何情况下都必须遵守这些规定。

但是，董事会主席和首席执行官的角色应该分离开来，这很可能被纳入守则中，因为在某些情况下，分离是不可能的或者是不可取的，如当首席执行官离开时或发生危机时。例如，董事会是否应该建立（以及根据什么条件建立）董事会级别的风险委员会，这需要灵活应变。同样，首席执行官不应同时兼任同一家公司的董事会主席是一项好的原则，但在实践中未必总是正确的。

3.3.1 例子：审计委员会

在欺诈案件（如波利派克、安然、皇家阿霍德和帕马拉特）之后设立和进行的多个委员会和调查（如1999年蓝丝带委员会、2002年美国《萨班斯—奥克斯利法案》、2004年英国希格斯审查），扩大了审计委员会的期望。现在设立一个审计委员会是一种普遍和公认的做法。许多国家或地区通过法律和法规，规定设立审计委员会。根据OECD2015年的研究报告，超过2/3的国家或地区要求上市公司设立独立的审计委员会，其中共同的要求是完全独立或多数独立。

审计委员会的概念并不是新概念，它首先被引入了某一个守则，然后又被引入到其他几个国家守则中，直到审计委员会成为公司治理的一种常见机制。现在法律上经常要求，特别是在20世纪的最后1/4，审计委员会逐渐认识到自己的作用，并发展了这方面的专门知识。

在家庭所有权水平较高的市场中，以守则为基础的"遵守或解释"方法的相关性将得到越来越多的审查。守则在分散所有权市场上是有意义的和有用的，但经验表明，它们在其他地方不那么有效（见下文关于约旦和土耳其经验的讨论）。需要对守则内容进行调整，以适应所有权情况，并更多地关注股东被控股股东剥夺的风险，而不是被管理层剥夺的风险。委托/代理问题是不同的。尤其是当家族集团或政府为了避免透明度和避免放弃最终控制权而剥离子公司时，这会成为一个问题。公司治理界意识到了反映在以下讨论中的这些问题，但仍然没有全面的解决方案。

3.3.2 约旦证券委员会：监管机构的观点

多年来，约旦一直在实施资本市场改革计划，近年来，特别是自1997年以来，正处于重组阶段。公司治理变革始于2004年根据《OECD原则》发布的公司治理《标准和守则遵守情况报告》（ROSC）。安曼证券交易所针对ROSC的建议，推出了一份公司治理守则，其中载有强制性和自愿性的规定。强制性规定以法律和法规为基础。自愿性规定以国际惯例和国际标准为基础。自愿实施采用了"遵守或解释"的方法，以允许灵活性，以及使公司及其管理层熟悉公司治理的新规则，并在市场上创造一种公司治理文化，因为这是一个新的概念。

从实施中吸取的经验教训向资本市场监管机构表明，公司不太愿意采用更好的做法。监管机构得出结论认为，有必要改变为强制性方法，因为约旦的公司治理文化仍在形成。阻力来自以家族为主导的公司，尤其是在累积表决权、关联方交易、董事会主席和首席执行官的角色分离以及董事委员会方面。约旦公司不希望外来者进入董事会或机制，因为外来者的进入可能会影响到公司的利益。

约旦证券委员会已经尝试了许多方法来建立对公司治理价值的理解，包括在家族企业中。例如，约旦证券委员会举办了教育讲习班和研讨会，来讲解和讨论公司治理的好处，并提高对守则及其规定的认识。这些举措遭到了抵制。约旦证券委员会特别为银行设立了计分卡制度，以提高银行业对公司治理的规定、规则和做法的认识，并评估公司治理的实施情况，但家族主导的银行仍然抵制。2014年，约旦中央银行颁布了强制性公司治理守则。

约旦证券委员会设立了一个独立的单位，负责跟踪公司实施和遵守公司治理规定的情况。约旦证券委员会面临的主要挑战之一是自愿规则。该委员会没有法律权力强制要求遵守或对不遵守进行制裁。约旦证券委员会通过修改法律来处理这一问题。尽管如此，一些公司仍然反对引入公司治理守则规定，认为它们与《公司法》相抵触。目前正在审查这些所谓的矛盾，并建议加强约旦证券委员会在公司治理发展、监控和执行方面的权力。目的是使公司治理守则规定的应用成为强制性的。

约旦的经验表明，对良好做法的指导、鼓励以及自愿性守则有时是不够的。似乎还需要做更多的工作，来提高人们对公司治理和在约旦实施公司治理守则的好处的认识。

约旦证券委员会主席 Mazen Wathaifi（马赞·瓦塔菲）指出，"我们的机制将转向强制性的守则应用。我们意识到，除非你有强制权力，否则公司是不会遵守的，你必须强制这些公司遵守守则，并对不遵守守则的公司实施制裁。实际遵守守则的自愿规定的公司少于50%。"

3.3.3　土耳其：使用记分卡鼓励实施

在土耳其，良好公司治理的许多要素都是强制性的，但土耳其发现即使这样也是不够的，因为非强制性原则的实施仍然是一个问题。在大多数情况下，就如何处理公司未能执行的这些原则而作出的公司披露的内容是不能令人满意的和重复的。也许需要计分卡来鼓励上市公司更好的公司治理文化。

土耳其的守则既有强制性的规则，也有非强制性的规则。土耳其的大多数强制性规则是关于董事会披露要求和股东大会的。守则规定了独立董事会成员的最低人数、委员会的数量以及哪些委员会是强制性的。守则中还有土耳其对独立董事的定义，这一定义必须采用。

土耳其公司治理协会的巴沙克·穆斯图（Basak Mustu）认为，"目前在土耳其，我们正在讨论这个问题的有效性，因为强制性规定并没有过多地讨论执行关系的有效性，比如董事会会议的质量和独立的董事会成员。法规并没有提到这些，所以我们认为计分卡可以解决这一问题。当然，这只适用于上市公司，在这些公司中，我们可以为了股东的利益要求更多的信息。"

土耳其有一个与约旦类似的问题，家族企业抵制实施良好的公司治理做法。最近关于家族企业中公司治理的研究发现，大约80%的人理解公司治理的优势，但认为这对他们不是强制性的，或者在短期内并不构成公司的紧急事件。他们确实了解公司治理的使用，认为这对公司有好处，并能改善决策。然而，有一半人没有遵守设立独立董事的要求。一般来说，他们仍然不愿意分享权力，没有家族章程，也没有考虑公司将如何传递给下一代。

有些国家（地区）有能力承担公司和监管机构对公司治理的深入了解和承诺。它们还在一个股东分散、结构不同于许多新兴市场的市场上运转。英国是一个拥有多样化的股份所有权、公司治理的好处长期存在的国家。然而，约旦和土耳其的情况表明，在公司治理中，一个规模并不适合所有公司，尤其是在家族企业和（或）控股股东存在的情况下。

在德国的例子和在土耳其与约旦的例子是一样的，在其中有一些非常重要的事项。人们试图通过守则、"遵守或解释"来解决这些问题。公司只是没有令人满意地遵守，这些问题都得到了立法。对于许多重要的公司治理事项来说，这是一个错失了的机会，在大多数国家（地区），通过一项法律需要很长时间。因此，立法并不是首选的方式，但如果公司不愿意倾听，这就是它们所得到的。

并不是所有的发达经济体都有一个良好的环境，来用"遵守或解释"方法实施守则。如果像家族企业这样的市场要素不愿意倾听，那么或许可以采取强制性方法，至少对于重要的事项采取强制性方法。

3.3.4 约旦河西岸和加沙：非强制性办法

2009年推出的约旦河西岸和加沙的公司治理守则，是一个由强制性规则和自愿性规则组成的混合守则。守则中的强制性规则已在其他法律和法规中作了规定。当地监管机构认为，很难采用完全强制性的守则，因为人们对如何监控守则的应用以及由谁来监控感到担忧。公司治理被认为是很好地采用守则的公司的一种竞争优势。如果守则是强制性的，那么这种竞争优势能力就会被消除。

巴勒斯坦资本市场管理局研究与发展总监巴沙尔·阿布·扎鲁尔（Bashar Abu Zarour）指出，"作为监管机构，存在着监督众多公司治理问题的声誉风险，其中有些是强制性的，有些是自愿性的，而且存在着执行的实际问题。我认为最好是让公司之间有竞争的空间，以发展公司治理方面的最佳做法。"

3.3.5 哈萨克斯坦：主权财富基金的"遵守或解释"观点

哈萨克斯坦主权财富基金 Samruk – Kazyna（SK）成立于2006年，目的是提高国有工业公司（主要是石油和天然气公司）以及运输、通讯、电力生产和输送、采矿和化学品等领域的公司的效率和效力。根据SK集团2014年的年度报告，该集团包括593家公司。SK有自己的法律——《关于国家财富基金》，适用于它和它的集团。

总理担任SK董事会的主席，其40%的成员是独立董事。SK投资组合公司的董事会由独立董事（新的公司治理守则建议最多占50%）和股东代表组成。SK公司治理方法的改变是到2050年成为世界前30个发达国家之一的国家计划的一部分，这是一项雄心勃勃的 SK 转型计划，由总统在 2014 年 10 月 6 日提出。

2014 年，SK 在 OECD 的协助下，制定了适用于 SK 和 SK 直接或间接拥有 50% 以上利益的公司的公司治理守则。该守则由七个章节和两个部分组成：主要原则和说明——强制执行守则的规则和规定。该守则包括以下几章：（1）SK 与作为 SK 股东的政府之间的互动；（2）对 SK 与其投资组合公司之间的关系的澄清；（3）可持续发展；（4）股东权利；（5）董事会和执行管理层的效力；（6）风险管理、内部控制和审计；（7）透明度。由于政府是 SK 的唯一股东，该守则明确了 SK 与政府、政府与董事会以及董事会与 SK 之间的关系。它还澄清了董事会和投资组合公司首席执行官的董事提名程序。

SK 公司治理董事萨拉马特·库萨诺娃（Salamat Kussainova）指出，"我们进行了关于"遵守或解释"的讨论。我们的通常做法是将强制性事项纳入立法。我们决定在守则中使用"遵守或解释"方法。该守则于 2015 年 4 月获得政府批准。"

SK 是主权财富基金国际论坛的成员，该论坛已商定，其成员将以机构投资者的方式采用 2008 年发布的《圣地亚哥原则》。因此，在起草公司治理守则时，SK 必须确保该守则符合和遵守《圣地亚哥原则》。

3.4　不同的方法："遵守或解释"合适吗？

关于公司治理守则"遵守或解释"模式的效力的讨论始于 2008 年。2009 年，风险矩阵集团（Risk Metrics）发布了一份报告，表明了"遵守或解释"模式的适当性。然而，争论仍在继续。在欧盟 2014 年制定《股东权利指令》的讨论中，欧洲公司治理应用的遵从或"遵守或解释"模式的效力，受到了很大的关注。①

---

① 《2013/34/EU 指令》规定，年度财务报表和相关报告包括一份公司治理声明（参照所采用的公司治理守则），并提供一份对公司偏离守则部分和原因的解释。

公司往往没有提供足够的解释。这使得投资者很难作出明智的投资决策。

尽管欧盟成员国的公司应用公司治理守则的方式逐渐改善，但在"遵守或解释"原则方面仍然存在明显的缺陷。一些观察人士认为，"遵守或解释"模式是无效的，因为解释的质量很差，也因为"遵守或解释"模式提供了一个相当软性的选择，这在金融危机中被证明是不可信的。

这种无效性的一个结果是要求制定更规范的法规。第 2013/34 号指令《会计指令》就包括此类法规。它规定了大公司（无论是上市公司还是非上市公司）的披露格式。然而，辩论也使人们期望，"遵守或解释"制度将成为提高解释质量的指导主题，特别是与偏离有关的解释。预计这些解释将提供足够的信息和明确的内容，并应作出以下事项：

- 解释公司偏离守则的方式；
- 描述原因；
- 描述决策过程；
- 指明时间；
- 描述所采取的用于代替遵守的措施。

在欧盟，成员国必须确定其公司治理监控系统，以确保适当的守则遵守和解释。多个欧盟成员国已经修订了其公司治理守则和（或）发布了关于如何更好地应用"遵守或解释"制度的指南，并正在监控守则的应用。

遵守或解释的做法适应了组成欧洲联盟的许多国家（地区）运作的各种商业模式。例如，葡萄牙于 2013 年修订了强制性《公司治理守则》，新的法规强调了"遵守或解释"条款的重要性。然而，葡萄牙证券市场监察委员会（CMVM）报告说，在 2011 年，只有 53% 不遵守"遵守或解释"规则的行为被公司解释，并被 CMVM 所接受（格拉斯·刘易斯/Glass Lewis，2013 年）。新的法规把"遵守或解释"条款放在最重要的位置，概述了一个可以接受的解释和遵守程度。

荷兰设立了一个公司治理守则监控委员会，并于 2013 年首次报告了关于遵守荷兰公司治理守则和关于偏离守则解释的质量的报告。

2012 年 2 月，英国财务报告理事会发布了一份指导文件《什么是"遵守或解释"规则下的解释》，这也是 2015 年的监控主题。

英国财务报告理事会主席温·比绍夫（Win Bischoff）指出，"我想提醒公司和投资者，在只是简单遵守，但没有认真考虑适当和相关因素的情况下，只会降低这种方法所要实现的灵活性。为此，今年剩余时间将开展进一步工作，监控公司在不遵守"守则"时作出的解释。"

其信息是，解释需要更加有力，并且在未来将接受审查。尽管有正在进行的关于"遵守或解释"制度的讨论，但它仍将保持目前的状态。虽然大多数国家对公司治理守则采用了"遵守或解释"方法，但不同国家对其真正含义作出了不同的解释。哪一种是"正确"或最有效的方法？实践表明，没有一种正确的方式来实施或应用公司治理守则。

国家和公司可能对"遵守或解释"产生了误解。它实际上是指遵守一项守则并应用其原则，或解释为什么没有应用这一原则。然而，关于"遵守或解释"的正确方法的辩论仍在继续。

荷兰在《塔巴克斯布雷特报告》（Tabaksblat Report）中采用了一种"应用或解释"方法，南非的《King Ⅲ》遵循了荷兰的传统，以确保清楚地了解应用守则原则的必要性。美国已经通过在关键的公司治理领域引入了立法和监管，更进一步地采取了"遵守或不遵守"方法；2002年的《萨班斯—奥克斯利法案》和2010年的《多德—弗兰克华尔街改革和消费者保护法》规定了许多公司治理做法和披露。在德国，公司法要求每年提交一份关于遵守德国公司治理守则的声明。

在整个英国和欧洲，对于广泛使用的守则应用"遵守或解释"制度的效力一直存在激烈的争论。① 特别是，欧盟希望制定一套条例，统一规范超国家层面的公司法和公司治理，但这一目标与允许应用灵活性的守则不一致。欧洲董事协会联合会（ecoDa）认识到公司治理和"遵守或解释"机制在促进良好的公司治理方面的重要性，并在2015年出版了关于欧盟在"遵守或解释"中的做法的报告。

《欧洲董事协会联合会—玛泽报告》指出，虽然适应守则要求的时间可能比预期的要长，但在整个欧洲，似乎有一种很好的趋势，即遵守情况正在

---

① 这是多个文章的主题，包括欧盟关于欧盟成员国如何应用"遵守或解释"概念的研究，促成了欧盟对公司治理报告的质量的建议，《2014/208/EU建议》、英国财务报告委员会、"遵守或解释"。一份2012年关于《英国综合守则》20周年的论文和一份ICAEW文章提出"遵守或解释在什么时候是一个正确方法？"。

增加，尽管不同成员国的遵守程度各不相同，领头的大公司与中小型上市公司总体上有着显著差异。

我们完全同意欧盟委员会的声明，即应更多地注意促进高质量的解释，以此作为有效的自我监管制度的一个关键成功因素。

应用"遵守或解释"原则提出了一些问题，并在实现统一方面存在一些困难，因为在国家一级可能存在各种不同的守则规定，应用可能是自愿性的，并且规定可能没有明确应该如何应用这些规定。另外，对守则应用的监管和执行也是多种多样的。此外，根据公司对公司治理透明度的承诺程度，所提供的解释具有不同的质量。

最近的诊断工作和与国家（地区）客户的讨论表明，在许多国家（地区）对公司治理守则的实际实施有相当大的不满。世界各地证券监管机构为提高守则实施的质量进行了重大试验。

3.5 守则原则、做法和效力

关于如何取得更好和更有效的公司治理成果的辩论仍在继续。一些人建议，守则不应过于详细或复杂，而应停留在原则层面，以便使用不同的公司和国家方法。其他人建议，应将更多的守则规定纳入法规中，以确保应用，并需要更多的指导来支持守则的应用。还有一些人质疑"遵守或解释"守则在存在控制股东的情况下的有效性。

一项原则可能是关于应披露的组织内的责任和问责的。如果这是该原则的性质，则指南将提到与之相关的文件，如章程大纲和章程细则、董事会章程，而且这些文件应被披露，还需要一份组织结构图。

在发达市场，应用原则，而不是守则中更详细的规则，往往是可以接受的。然而，一些具有新兴市场经验的从业者报告说，使用原则而不是详细的规则，并不总是一种成功的方法。

下面是一些在实践中使用"遵守或解释"概念的不同经验的例子。

例如，从肯尼亚的经验中，可以了解到其对"遵守或解释"的辩论是有帮助的。1989年成立的肯尼亚资本市场管理局领导了许多公司治理倡议，其中之一是2002年推出的类似于守则的公司治理指南。最近的活动显示，肯尼亚正在区分应纳入法律或法规中的要素和应纳入守则中的其他要素。

2012~2014年，肯尼亚在世界银行和国际金融公司的支持下，逐步制定了公司治理守则。该守则于2016年4月定稿，在此过程中，肯尼亚意识到，它不想把所有公司治理要求都置于"应用或解释"的基础上。高度重要的守则规定被纳入到了公司治理条例中。该守则将以"应用或解释"为基础，关于公开发行和上市规则的基本规定将以强制性为基础。肯尼亚希望将公司治理从逐项核查转变为有效应用。

肯尼亚资本市场管理局法律官希拉里·切鲁约特（Hillary Cheruiyot）指出，"公司治理守则中的建议之一是机构投资者必须积极参与管理。该守则要求为投资者制定一份管理守则，这是一项正在进行中的工作。"

3.5.1 南非：原则 VS 做法

南非《King Ⅲ》目前的原则包括董事会应由多数非执行董事组成，其中大多数是独立董事。这实际上不是一个更高层次的原则，而是一个详细的做法。真正的目标是实现一个均衡和有效的董事会，即更高层次的原则。事实上，遵守《King Ⅲ》中关于独立董事的规定，可能会导致大多数独立董事无法有效地挑战管理。有时以独立的名义牺牲行业知识；因此，独立董事可能没有足够的业务知识。这并不是一个理想的结果，但它满足守则要求——逐项核查练习。南非在起草《King Ⅳ》时，希望转变为以原则和结果为基础的守则，而不是侧重于做法。

非洲南部董事协会《King Ⅳ》项目领导人安西·拉马略（Ansie Ramalho）指出，"非常清楚地区分什么是原则和什么是做法，实际上可以帮助我们摆脱公司治理中的逐项核查思维定势。目前，我们实施这些做法，并说我们有良好的公司治理。如果你的原则是制定目标，以实现健全的公司治理，那么它不是关于投入（做法实施）的，而是关于是否实现了目标和期望结果的。"

3.5.2 存在控股股东的情况下的"遵守或解释"

考虑"遵守或解释"在拥有控股股东的情况下的实用性,也是很有用的。它在控股股东占主导地位的市场中的效力受到了控股股东在公司内的权力的限制。

3.6 不同类型的守则与标准化方法对比

随着守则的广泛使用,不同的守则类型也在蓬勃发展。目前有为以下类型的公司制定的守则:上市实体、银行和金融机构、家族企业(上市和未上市)、小企业和国有企业。表 3-2 中的每一个守则都有一个特定的子集焦点。

表 3-2　　　　　　　　　具有子集焦点的守则

国家/组织	日期	守则性质
OECD	2015	《国有企业公司治理指南》
巴塞尔银行监管委员会	2015	《银行和金融机构公司治理指南》
全球组织	2012	《公司治理在小微金融机构中的实践》
澳大利亚	2013	《慈善机构公司治理指南》
巴西	2014	《封闭社会的良好做法》
巴西	2015	《合作社公司治理指南》
波罗的海诸国	2010	《国有企业公司治理指南》
哥伦比亚	2009	《封闭社团和家族企业公司治理指南》
法国	2009	《中小企业公司治理守则》
爱尔兰	2013	《信贷机构和保险企业公司治理守则》
尼日利亚	2014	《银行和贴现机构公司治理守则》
阿拉伯联合酋长国	2011	《中小企业公司治理守则》

鉴于公司治理守则可能适用的实体的范围非常广泛，因此有兴趣实现守则的某种统一性或标准化也就不足为奇了。最近，一些国家研究制定一种适用于各种公司（上市公司、非上市公司、银行和金融机构、小企业、家族企业或国有企业）的守则。例如，毛里求斯和尼日利亚一直试图为不同类型的公司和行业的守则和公司治理应用带来一些标准化。这种做法带来了挑战，如下文所述。

2015 年提出的《毛里求斯公司治理守则》被认为是第一个采用新的公司治理方法的守则。它强调可被各种实体应用的公司治理原则，并明确区分原则和做法。

简而言之，这是一种公司治理守则的"应用和解释"方法，它将应用于毛里求斯各类公司的公司治理原则标准化。《守则》的原则必须应用于属于下列定义的所有实体：在毛里求斯证券交易所上市的公司、银行和非银行金融机构、大型公众公司、国有企业和大型民营企业。所有其他公司都应适当考虑《守则》的原则，并在其年度报告中披露它们在多大程度上应用了这些原则。

这种方法的好处是，它被认为更容易理解和风格更简单。"应用和解释"方法允许在不同的公司情况下灵活地应用。通过专注于原则，守则可以更加简洁和简明。① 然而，对于那些需要守则解释或实施方面的指导或支持的实体来说，这可能是很有挑战性的。

3.7　守则应用、监控、执行和计分卡

一般而言，已经出现了对公司治理守则的一些监控。2013 年 OECD 关于公司治理的监控和执行安排的研究就说明了这一点，特别是在参与 OECD 公司治理委员会的 27 个国家（地区）的上市实体中的公司治理监控和执行安排。

必须指出的是，国家（地区）公司治理报告的发布者可能是公共机构，包括监管机构或其他私营机构。19 个管辖区有国家（地区）监管机构，负

---

① 《毛里求斯守则》草案，参见 http://tinyurl.com/nhw3c42。

责监控和报告其在公司治理方面的活动。法国、中国香港特别行政区、意大利、荷兰、新加坡、瑞典和英国是定期审查和报告公司治理守则遵守情况的一些国家（地区）和经济体。

在24个国家（地区）中，至少有29个机构发布了一份国家（地区）报告，审查国内市场上市公司遵守公司治理守则的情况。10个国家（地区）的国家监管机构审查和公布此类报告，其中有8个定期审查和公布此类报告，至少每年一次或两年一次。大约一半采用"遵守或解释"制度的国家（地区）建立了一个正式机制，国家（地区）当局据此定期分析和报告上市公司关于遵守守则的披露。

然而，监控报告的覆盖范围和频率在各国家（地区）之间差别很大。世界银行在新兴市场的经验，特别是通过其ROSC项目获得的经验，发现对公司治理和公司治理披露的监控和执行少于发达国家。

许多监管机构，特别是低能力的监管机构，并没有真正执行公司治理守则的要求，而且由于没有执行，公司了解和认识良好做法的尝试有所减少。"遵守或解释"的要求将鼓励公司至少作出初步的披露，即使这种披露不是很好，即使"遵守或解释声明"不是很合适。这是一个开始。

一些国家（地区）正试图通过使用问卷调查表、计分卡、奖励和其他机制，来执行守则和守则要求。要成功地监控和执行，有几个步骤。下面是一些"开始"的例子。

在拉丁美洲，问卷调查表的使用为监控和执行提供了基础。要求公司填写一份关于遵守情况的问卷调查表，而不是提交一份单一声明，可以鼓励公司思考；它鼓励公司注意到它们可能未遵守的具体规定。在哥伦比亚，公司根据其守则披露声明编写一份报告。此类报告显示了哪些是有效的，哪些是无效的，并为监管机构提供了良好和有用的信息。

通过制定和应用关于公司治理守则应用的国家（地区）计分卡评估方法，IFC在激励公司治理变革方面已成功发挥了作用。

IFC提供了几个与实施公司治理守则和用于评估实施情况的计分卡有关的方案。计分卡是鼓励遵守、评估公司治理做法和提供系统改进机会的一种方式。2005年，IFC发布了一个工具包，提出了一个逐步制定、实施和审查公司治理守则的方法。2014 年发布了一份关于建立计分卡的补编。① 自 2008 年以来，IFC 已经实施了 15 个计分卡，并为 30 个国家（地区）的 95 个准则、法律和法规中的 45 个守则制定项目提供了支持。

在越南，IFC 在 2009～2012 年期间，向三个用于评估上市公司的公司治理情况的公司治理计分卡提供了技术支持。计分卡报告导致审查了与公司治理有关的立法和法规，2012 年对公司治理守则进行了修订，并制定了披露规则。计分卡是促进变革的最有效工具。

东盟公司治理计分卡（ACGS）是东盟资本市场论坛和亚洲开发银行的一项联合倡议。它覆盖《OECD 原则（2004）》的五个领域。有六个国家加入了这一倡议：印度尼西亚、马来西亚、菲律宾、新加坡、泰国和越南。公司治理计分卡提供了东盟地区内公司治理做法的共同基准，并允许国家与国家之间的可比性。在此期间，大多数国家的公司治理做法都有所改善。

到目前为止，在改善公司治理方面存在着良好的透明度和少量的国际竞争。截至 2015 年，该计划旨在公布拥有最佳公司治理分数的 50 家东盟上市公司。亚洲各地的计分卡一直是推动公司治理变革的积极动力。国家（地区）计分卡是东盟计分卡的前身，它成功地改变了公司治理监管框架，并把公司治理列入了公司议程。然而，东盟对计分卡制度的反应并不都是积极的。

菲律宾证券交易委员会公司治理科证券顾问罗萨里奥·卡梅拉·G. 奥斯特利亚（Rosario Carmela G. Austria）指出，"一些公司抱怨说，东盟计分卡的要求超过了菲律宾现行规则、法律或法规的要求。因此，他们说他们很难遵守，有时他们觉得他们不可能遵守计分卡所提倡的最佳做法。对公司来说，最具挑战性的理念是，公司治理要求实际上超出了国家立法的要求。"

3.7.1 守则监控

重要的是要考虑到在报告公司治理监控和执行活动的结果时，可能存在的消极方面。例如，监管机构可能报告某一特定公司的公司治理是"良好的"，然后被评为具有"良好公司治理"的公司可能存在重大和公开的公

---

① IFC 在公司治理计分卡方面的工作，包括一个工具包和一份补编，参见 http://www.tinyurl.com/zmffzw5。

治理失败。这可能会给评估机构带来相当大的声誉风险,尤其是如果它是监管机构的话。

许多国家(地区)发现,无论是在法律上还是在文化上,证券监管机构都很难对一家公司进行干预,难以就公司治理事项采访它们。例如,在印度尼西亚,证券监管机构每年对大约 1/3 的上市公司进行检查。大多数国家(地区)的监管机构没有进行这种积极调查的权力、意图或资源水平。

一般来说,监督和执行公司治理是困难的[①],而且很可能持续如此,因为许多公司治理做法都是公司内部的,因此无法在外部观察到或无法从披露制度中证实。许多监控公司治理的监管机构没有能力、时间或资源(对于银行监管机构来说,有时是权利)走进公司、与公司董事建立关系、观察董事会工作和检查公司内公司治理的实际工作。要验证遵守或解释守则的应用仍然是一个问题。因此,对监控和执行公司治理缺乏优先考虑的原因如下:

- 有些国家(地区)没有向英国财务报告理事会那样的,专门用来监督公司治理的公共主管当局。
- 在新兴市场,无论是公共机构还是私营机构,在为公司治理监控和执行提供资金方面似乎都存在挑战。编写报告是一项昂贵的工作,并非所有国家都有能力这样做。
- 在监控和执行公司治理守则做法时,监管机构可能面临声誉风险和资源限制。

在积极方面,如通过使用计分卡所见,监控和执行促进了以下情况:

- 提高了对各项规定和更好做法的认识,提高了其知名度;
- 让投资者更深入地了解潜在被投资公司和被投资国家(地区)的公司治理情况;
- 系统地审查公司和国家内部以及各地区的公司治理发展情况;
- 更好地整合和统一法律、法规和守则,以更好地实施公司治理;
- 激励公司加强其公司治理做法,超越法律和法规的最低要求;
- 通过关于结果的圆桌会议和讨论,让股东和利益攸关方参与公司治

---

① OECD 审查发现,缺少独立性和(或)资源,限制了许多证券监管机构在监督和执行公司治理标准方面的能力。

理辩论；
- 每年对公司治理进展情况进行评估。

3.7.2 守则审查

由于未能就如何有效监控和执行公司治理守则的应用达成共识，一些国家（地区）正在审查应在法律或法规中规定哪些内容。重要的要素正在被转移到法律或法规中。一些国家（地区）正在完全脱离"遵守或解释"制度。其他国家（地区）则转向另一种方式。

例如，墨西哥是为数不多的几个真正、完全地摆脱了"遵守或解释"守则的国家之一，因为它在 2008 年将许多规定转移到了《公司法》中，并认为不再需要旧形式的守则。由于守则的存在是因为不能将所有的公司治理规定都列为是强制性的，因此这可能是一个错误的选择。

菲律宾在 2016 年推出新的公司治理守则，也完全转向"遵守或解释"方法。目前，守则包括强制性规定和自愿性、咨询性或指导性规定。

没有一种办法被认为适用于所有环境，而且关于"遵守或解释"制度的效力的辩论仍在继续。无论采取何种方法，关键是要对其进行监控和公开报告，以鼓励公司治理的发展，并确保公司治理框架的理念得到遵守。

3.8 将可持续发展/ESG 整合到守则中

随着全球对可持续发展的承诺继续在各国（地区）政府和私营企业的议程上呈上升趋势，对 ESG[①] 或负责任投资问题的透明度要求也不断提高。这一问题已被越来越多地纳入到了公司治理守则中。

公司治理框架应承认通过法律或相互协议建立的利益攸关方的权利，并

[①] 有许多词语用来描述可持续发展。每一个都不尽相同，但每一个都可以作为其他完整文章的主题。ESG、CSR 和 CR 等词语并不能直接互换或相同。简单来说，报告的本部分使用"ESG"或"可持续性"来反映这些词语的所有组成。

鼓励公司和利益攸关方之间在创造财富、就业机会和财务健全企业的可持续性方面的积极合作。

在这一高级别原则（G20/OECD 原则 4）的背后，人们越来越意识到可持续性和可持续性思维对于公司长期成功的重要性，这也关系到整个文明的成功。

一些守则解决了投资者需要更多非财务信息的问题，目前正在将可持续性/ESG 问题纳入守则，可持续性/ESG 问题是一组对公司的长期成功具有重大影响和可能对投资回报具有重大影响的问题。公司正在将 ESG 问题纳入其商业模式，特别是在对战略和风险的思考中。

3.8.1 银行业

就在 2007 年，ESG 或可持续性仍然与公司治理分开处理，即使两者已逐渐变得更加重叠。自那时以来，法律和法规以及国家公司治理守则越来越多地提到可持续发展事项，转向综合公司治理观点。

英格兰银行 BCBS 公司治理工作组的斯蒂芬·布兰德（Stephen Bland）指出，"我们确实在三个领域把银行董事视为单独负责人，以确保公司治理要素的落实。这三个领域是银行战略、银行风险敞口协议和董事会关于风险文化和可持续发展的自上而下基调。"

《英国公司法（2006）》要求董事"为了股东的利益行事，但在这样做时，必须考虑到长期发展，员工、供应商和消费者的利益，以及环境。"

欧盟在其 2014 年关于非财务信息和多样性信息的指令中要求，拥有 500 名以上员工的大型公共利益公司（约 6000 家公司）在其年度报告中披露关于环境和社会问题的政策、风险和成果的信息。这些问题应包括员工信息、尊重人权的信息、反腐败和贿赂问题以及董事会成员的多样性。该指令本身允许在这些披露的方式和风格上具有灵活性，公司在履行这些责任时可以采用国际、欧洲或国家指南。表 3 - 3 举例说明了对 ESG 和公司治理采取的各种监管方法和守则方法。

投资界在很大程度上受到客户和受益人利益的驱动，特别是具有长期前景的养老基金，在要求提供关于 ESG 事项的信息和将 ESG 整合到投资决策方面,他们也一直站在前沿。然而,将 ESG 事项整合到公司治理守则仍是一个日益增多的现象。将可持续发展和公司治理整合到守则的国家有巴西、南非和西班牙。

表 3-3　　　　　　　　　　ESG 和公司治理守则

国家	文书	要求
澳大利亚	《公司治理:基金管理人和公司指南》	指导确定公司治理、表决和其他问题的方法,包括国家温室气体、能源消耗和其他 ESG 披露
巴西	《证券交易委员会条例》和《巴西证券交易所规则》	证券规则要求提供与公司的社会、环境和公司治理层面有关的信息。巴西公司治理研究所发布的《最佳做法守则》多次提及 ESG 事项
保加利亚	《保加利亚公司治理守则》	在"遵守或解释"方法下,公司应根据透明度、问责和商业道德原则,考虑利益攸关方的利益。鼓励公司平衡公司的发展与经济、社会和生态的发展
丹麦	《丹麦财务报表法》(修正案)	强制性 ESG 披露要求公司和投资者披露企业社会责任、CSR 实施方法、对过去一年在 CSR 方面所取得成就的评估。这些规则既适用于公司,也适用于机构投资者
印度	《CSR 自愿指南》	鼓励企业制定 CSR 政策,并提供与其商业目标相一致的 CSR 计划路线图
印度尼西亚	《证券条例 47/2012》	规定每一家公司都有社会和环境责任
牙买加	《公司治理守则:最佳做法》	鼓励所有公司管理层以道德和负责任的方式行事,并使有董事会承担责任,以确保公司是一个良好的企业公民。它鼓励上市公司在其年度报告中对照守则规定进行报告
马来西亚	《机构投资者管理守则》	为有效履行管理职责提供指导,以确保向受益人提供可持续的长期价值

3.8.2　ESG 和 ESG 与公司治理的联系

可持续性与公司治理有关联,因为董事有责任意识到环境给公司带来的机遇和风险,包括自然环境、经济环境和社会环境。这一责任将影响董事会的组成,因为他们应该吸收在 ESG 领域有一定知识和经验的个人,这样董事会才能更好地确定公司的地位,并在出现可持续性问题时处理这些问题。

可持续性问题将影响到与利益攸关方的商业关系、实体的产品和服务、公司的经营结果。可持续性问题应纳入风险管理评估，内部审计应检查可持续性问题管理的有效性。

几年来，可持续性问题一直是不同守则的重点，例如《联合国负责任投资原则》《联合国全球契约》《OECD 跨国企业指南》《全球报告倡议》《德国可持续性守则》等。不同的倡议越来越紧密地结合在一起，将可持续发展的思想融入到公司治理守则、法律和法规以及公司责任和报告中。

在认识到全球范围内企业对 ESG 问题的责任方面的这一变化时，显然存在着监管和自愿主义的混合。如上所述，巴西、南非和西班牙等国正在将 ESG 问题纳入其守则。投资者团体正在将 ESG 纳入其管理守则，作为对投资者受托责任的考虑，监管机构也在鼓励从公司管理角度考虑 ESG 问题。

3.8.2.1 南非

在非洲价值体系的影响下，如乌班图（一种认为我们所有人在人类中都有联系的概念），《King Ⅲ》为将可持续性纳入公司治理守则设定了基调。默文·金（Mervyn King）指出，对于投资者进行知情评估来说，注重财务信息和短期视野的旧年度报告格式已经不再够用了。因此，《King Ⅲ》建议进行综合报告，使投资者能够对公司的长期可持续性作出知情评估。

在南非，公司治理认为公司有助于可持续发展。这是一个包容性的概念，不一定与股东至上的概念相一致。除了财务资本之外，还有对其他资本的依赖，不能说财务资本的提供者是最重要的利益攸关方。

在南非，我们相当广泛地看到了公司治理守则的功能。事实上，我们将公司治理定义为在道德基础上的有效领导。道德又被广义地定义为包括企业公民身份和可持续性考虑。南非认为，社会和企业之间存在着一种共生关系，即一种相互依存的关系，因此，企业要想成功，社会就应该繁荣。企业和社会应通过寻找企业价值与社会价值相交叉的地方，共同存在。

即将出台的《King Ⅳ》目前正在制定之中，其中包含了这样一种想法，即通过原则，公司必须披露它们如何将可持续性考虑整合到其战略以及其减轻对环境和社会的影响的方式。这种方法的前提是，可持续发展是企业风险和机遇的来源。

南非公司治理框架得到了另一项投资者守则《南非负责任投资守则》的

支持，以确保更好地将环境、社会和治理问题纳入决策和所有权做法中。它还得到了《养老基金法》第 28 条的支持，该条款规定养老基金的受托人必须考虑采取负责任投资方法，并考虑到所有资产类别中的重要 ESG 因素，而不仅仅是股本。因此，南非在公司治理中纳入可持续性的方法，是守则和监管方法的混合。

3.8.2.2 西班牙

自 2015 年以来，西班牙一直在审查其公司法和公司治理守则。在对公司法的修订中，下列修正加强了公司治理问题：

- 鼓励股东参与公司事务的新权力，特别是年度股东大会。
- 提高薪酬政策的透明度。
- 要求董事会参与可持续性问题。公司法规定，董事会有权批准公司的企业社会责任政策，并且不能将这一权利转授给他人。

《公司治理守则》与公司法修正案同时进行了修订，是一项基于"遵守或解释"原则的自愿性守则。原则 12 鼓励更广泛地看待公司治理，纳入利益攸关方、环境和更广泛社区的考虑。公司责任问题，在以前的守则中没有出现，现在已成为守则中明确建议的对象，目的是确定公司政策中关于可持续性（目标、承诺、做法等）及其评估和传播的最低限度内容。

一家公司的董事现在应在其董事报告中报告（或解释他们为什么不报告）ESG 的发展情况，并具体说明 ESG 政策的目标，关于可持续性的公司战略，公司的环境和社会问题，以及监督非金融风险、道德和商业行为的机制。

《西班牙公司治理守则》指出，董事会应以统一的宗旨和独立的判断履行其职责，对处于同一地位的所有股东给予同样的待遇。它应该始终以公司的最佳利益为指导，这将被理解为创造一个盈利的企业，促进其长期的可持续成功，同时使其经济价值最大化。

在追求公司利益的过程中，不仅要遵守法律和法规，行事时还要遵循诚信、道德和尊重共同接受的风俗习惯和良好做法的原则，同时还要努力协调其自身利益与员工、供应商、客户和其他利益攸关方的合法利益，以及其活动对更广泛的社区和自然环境的影响。

西班牙倡议取得成功的关键是，公司法规定了董事有责任制定企业责任政策，这之前存在于公司治理守则中，但后来被转移至了法律中。公司治理守则现在要求这一法律义务具有透明度。这为 ESG 倡议带来了多种压力。西班牙的经验告诉我们，一个国家可以采取几个步骤来改进可持续性倡议：

- 确认可持续性或 ESG 是企业长期增长的一个重要问题。
- 确定哪些机构负责可持续性政策，如果要在法律、法规或守则中加以规定，则要求它们参与可持续性辩论。
- 要求公司按照其公开的 ESG 政策和做法实施披露和透明度措施，包括向利益攸关方披露关于其做法的沟通渠道。
- 或许可以考虑就可持续性活动寻求保证，以便在市场上建立可持续性信息方面的信心。
- 意识到用于处理可持续性主题的平台。各个国家可能有不同的可持续性改进机制。
- 机构投资者、民间社会、公司治理守则和监管可以结合起来，要求公司提供有关环境、社会以及治理政策和举措的信息。

3.8.2.3 巴西

巴西公司治理研究所发布的《公司治理最佳做法守则》（第 5 版）带来了新的视角。除了全面审查既定做法外，新的守则（1）比之前的版本更基于原则；（2）鼓励有效应用之前的沉思；（3）强调道德和道德行为；（4）规定和使用资本语言，如综合报告倡议的那样。

守则中引入的一个新章节值得阅读。它陈述了守则的前提，并强调了公司治理代理人在新的背景下的责任，新背景的主题包括可持续性、复杂性、不同利益攸关方的观点和利益、长期价值创造。它为决策过程、组织的身份（目的、使命、愿景、价值观和原则）和道德审议、公司治理代理人的作用以及如何使用守则带来了一种深思熟虑的方法。

公司治理框架应承认通过法律或相互协议建立的利益攸关方的权利，并鼓励公司和利益攸关方之间在创造财富、就业机会和财务健全企业的可持续性方面的积极合作。

3.8.3 守则中包含的 ESG 实际挑战

有几个标准可作为应用可持续性披露的可能性。全球报告倡议组织发布了其标准，特别是某些行业的标准。美国正在通过可持续性会计准则委员会（SASB），制定可持续性报告准则；SASB 的任务是制定和传播可持续性会计准则，用来帮助上市公司披露对投资者决策有用的材料和信息。可持续性问题有行业标准，如联合国开发计划署（UNDP）《支持采掘业可持续和公平管理的战略》，要求披露此类信息的国家可以考虑其成员应对照哪些标准（如有）进行报告。

IFC 公司治理私营企业咨询小组的一名成员比斯特拉·博耶娃（Bistra Boeva）在保加利亚进行了研究，研究主题是 2016 年关于非财务信息的欧盟指令的适用性。她的研究提出了几个问题，她认为应考虑以下事项：

- 公司治理守则应纳入 ESG 要求。
- 可能需要阐明谁是实体的利益攸关方，因为可持续性通常是根据实体的利益攸关方来考虑的。
- IFC 和 OECD 级别的讨论表明，利益攸关方的定义几乎都不一样。
- 必须更好地了解目前的公司治理要求和 ESG 做法，以及公司治理与可持续性之间的联系。
- 如果在守则中纳入 ESG 问题，则该守则可能需要从一般问题转移到更具体的问题，并包括供应商和供应链关系等细节：
  - ESG 问题或许应具体列入公司治理守则中提到的必要披露；
  - 需要考虑由谁来撰写 ESG 披露书，作者应具备哪些技能和能力，以及在撰写披露书时应采用哪些标准。
  - 可以考虑列入关于董事会在 ESG 倡议和披露方面的责任的声明，其中可能包括对 ESG 战略以及衡量和报告 ESG 活动的系统的责任。

在 IFC 实践小组关于守则和标准的会议上进行的辩论，就是否应该将可持续发展问题纳入公司治理守则提出了不同的意见。一种观点认为，企业必须认识到可持续性问题，但它也要承担盈利的责任，这两个目标并不相同，但却是相互关联的。另一种观点认为，报告可持续性是一个挑战。

不过，这一趋势是显而易见的。国家和公司正在将 ESG 问题纳入企业治理法律和法规、公司治理守则中，并单独纳入投资者的管理守则中，甚至纳入个人投资者关于公司的 ESG 方法的声明中。然而，很明显，将公司治理和 ESG 问题更紧密地联系在一起并不是只有一种方法，而是有许多不同的方法。

尽管普遍接受可持续性是未来公司治理的一个核心问题，但仍有一些问题和冲突有待解决。投资者对照看他们所投资的受益人负有受托责任。其中一些投资者认为其受托责任包括可持续发展，其他人则不然。

如果投资界认为公司的目的不一定是商业上的成功，那么他们会对可持续性感到不安。如果我们开始将可持续性与企业目标相结合，那么我认为许多投资者会感到有点紧张，即使他们像我认为的大多数投资者一样，接受了可持续发展的核心理念。

3.9　概要

我们看到的证据表明，公司治理守则和计分卡的制定和应用对改善公司治理做法具有一定的作用。然而，最近对现行守则的审查和分析提出了若干经验教训，例如：

- 仔细区分应在法律或法规中规定的事项和应更好地列入守则的事项。在守则中列入可能需要时间来改变、需要一定程度的灵活性、在本质上是有抱负的问题和行为。
- 了解不同的"遵守或解释"方法的变化、效力和细微差别。考虑当地环境，并确定适合当地环境的守则风格。在决定是使用高级别原则（附带额外的单独指南）还是使用更详细的原则之前，还要考虑设定"遵守或解释"的环境，避免混淆。
- 考虑"遵守或解释"在拥有控股股东或法治薄弱的情况下的可能效力。
- 在公司治理守则中使用"遵守或解释"的挑战，很可能在今后仍然存在。

遵守或解释守则带来了许多众所周知的潜在好处。相对于完全强制性的制度，它们是灵活的；通过允许公司选择不加入守则条款，"遵守或解释"方法减少了监管负担，并且避免了"一刀切"。然而，许多对公司治理守则影响的研究提到了各种潜在的挑战。这些挑战包括：

- 缺乏对守则（特别是自愿性守则）的认识；

- 缺乏对守则条款的采用；
- 守则披露声明质量不佳；
- 缺乏对股东遵守守则的关注；
- 证券监管机构和证券交易所缺乏监控、监督和执行。

为了解决上述问题，世界银行在与国家客户讨论的启发下，提出了证券监管机构为振兴其公司治理守则可采取的几个步骤：

- 阐明遵守或解释要求；
- 执行公司治理披露；
- 改进公司遵守或解释的方式；
- 报告守则遵守情况；
- 考虑对披露声明质量的积极执行；
- 从遵守或解释要求转向强制性规定；
- 采用管理守则。

3.9.1 主要成果

以下要点概述了本书研究的一些主要成果：

- 守则之所以存在，是因为并非所有的公司治理良好做法都是强制规定的。
- 在许多守则中补充了一些对当地国家或地区的具体事项的指南。
- 应定期监控、审查和报告守则的应用，以鼓励守则的实施。加强监控是显而易见的。
- 守则可能持续是高级别的原则。然而，如果是这样的话，许多公司和市场可能需要更多的指南来指导如何在实践和不同类型的企业中处理每一个公司治理原则。
- 应对守则进行审查，以便制定更好的做法，以及对当地市场问题作出更好的调整。
- 可持续发展的概念及其在公司治理中的地位需要更好地为全球公司、投资者和监管机构所理解，以及可持续发展应纳入公司治理守则的要求。
- 越来越多的人认为，董事会应该有责任设定价值观，这决定了公司与其所处社会的互动和影响，但一些对受益人负有受托责任的投资者对这一问题感到紧张。

- 应鼓励使用计分卡、奖励和其他机制，为公司实现更好的公司治理目标提供激励。

3.9.2 守则和计分卡的趋势和未来发展

对公司治理感兴趣的国际社会应预期今后的发展如下：

- 更有效地应用公司治理原则和做法的压力，需要更多和更好的指导来协助公司治理的实施，以及注重公司治理成果；
- 关于哪些应在法律和法规中强制规定，而不是纳入守则的更广泛辩论，传统上是一种"更软性"的方法；
- 对应用公司治理原则的"遵守或解释"模式进行更详细的审查，包括在使用方面比以前更大的变化；
- 就公司治理守则的应用开展更多的监控、执行和报告活动，包括更多地使用计分卡；
- 正在修订更多的守则，以纳入 ESG 活动和报告；
- 更多地监控规范公司治理守则的步骤是否成功，以使其适用于不同领域。

第 4 章
总　　结

公司治理，从广义角度理解，是研究企业权力安排的一门科学。从狭义角度上理解，是居于企业所有权层次，研究如何授权给职业经理人并针对职业经理人履行职务行为行使监管职能的科学。

4.1　理论界的代表性观点

在我国，理论界对公司治理具有代表性的定义有吴敬琏、林毅夫、李维安、张维迎和朱长春的观点。吴敬琏（1994）认为，公司治理结构是指由所有者、董事会和高级执行人员即高级经理人员三者组成的一种组织结构。要完善公司治理结构，就要明确划分股东、董事会、经理人员各自权力、责任和利益，从而形成三者之间的关系。林毅夫（1997）是在论述市场环境的重要性时论及这一问题的。他认为，所谓的公司治理结构，是指所有者对一个企业的经营管理和绩效进行监督和控制的一整套制度安排，并随后引用了米勒（1995）的定义作为佐证，他还指出，人们通常所关注或定义的公司治理结构，实际指的是公司的直接控制或内部治理结构。李维安和张维迎都认为公司治理（或公司治理结构）有广义和狭义之分。李维安（2000）认为，狭义的公司治理，是指所有者（主要是股东）对经营者的一种监督与制衡机制。其主要特点是通过股东大会、董事会、监事会及管理层所构成的公司治理结构的内部治理；广义的公司治理则是通过一套包括正式或非正式的内部或外部的制度或机制来协调公司与所有利益相关者（股东、债权人、供应者、雇员、政府、社区）之间的利益关系。张维迎（1999）的观点是，狭义的公司治理结构是指有关公司董事会的功能与结构、股东的权力等方面的制度安排；广义地讲，则指有关公司控制权和剩余索取权分配的一整套法律、文化和制度性安排，这些安排决定公司的目标，谁在什么状态下实施控制，如何控制，风险和收益如何在不同企业成员之间分配这样一些问题，并认为广义的公司治理结构是企业所有权安排的具体化。2014年4月，在清华大学出版社出版的《公司治理标准》一书中，作者朱长春提出：公司治理，从广义角度理解，是研究企业权力安排的一门科学。从狭义角度上理解，是居于企业所有权层次，研究如何授权给职业经理人并针对职业经理人履行职务行为行使监管职能的科学。基于经济学专业立场，企业有两个权：所有权和经营权，二者是分离的。企业管理（Corporate Management）是建构在企业"经营权层次"上的一门科学，讲究的就是企业所有权人向经营权人授权，经营权人在获得授权的情形下，以实现经营目标而采取一切经营手段的行为。与此相对应的，公司治理（Corporate Governance）则是建构在企业"所有权层次"上的一门科学，讲究的是科学地向职业经理人授权，科学地向职业经理人进行监管。

学者施莱费尔和维什尼（Shleifer & Vishny, 1997）在一篇关于公司治理的经典论述中提出：公司治理是保证融资供给方（投资者）保证自身投资收益的方式。由于代理问题，外部投资者担心自己的利益在不完美的世界中会由于经理的败德行为而受到侵占。经理如何能够采用一种机制得到外部投资者的融资？或者说，如何能够保证给予外部投资者应有的投资收益？这就需要给予外部投资者一些权利：一种是给予外部投资者强有力的法律保护；另一种是所有权集中，也就是形成大投资者（大股东）。这其实正是公司治理的两种主要治理模式。

4.2　公司治理的模式总结

纵观全球，公司治理模式主要有三种：英美模式、日德模式和家族模式。

4.2.1 英美模式

英美公司内部治理结构的基本特征是公司内部的权力分配是通过公司的基本章程来限定公司不同机构的权力并规范它们之间的关系的。各国现代企业的治理结构虽然都基本遵循决策、执行、监督三权分立的框架，但在具体设置和权力分配上却存在着差别。英美模式主要包括以下四个部分：

4.2.1.1 股东大会

股东大会是公司的最高权力机构。但是，英美公司的股东非常分散，而且相当一部分股东是只有少量股份的股东，其实施治理权的成本很高，因此，不可能将股东大会作为公司的常设机构，或经常就公司发展的重大事宜召开股东代表大会，以便作出有关决策。在这种情况下，股东大会就将其决策权委托给一部分大股东或有权威的人来行使，这些人组成了董事会。股东大会与董事会之间的关系实际上是一种委托代理的关系。股东们将公司日常决策的权力委托给了由董事组成的董事会，而董事会则向股东承诺使公司健康经营并获得满意的利润。

4.2.1.2 董事会

董事会是股东大会的常设机构。董事会的职权是由股东大会授予的。关于董事会人数、职权和作用，各国公司法均有较为明确的规定，英美也不例外。除公司法的有关规定以外，各个公司也都在公司章程中对有关董事会的事宜进行说明。公司性质的不同，董事会的构成也不同。在谈到公司治理问题时，常常要根据不同性质的公司进行分析。为了更好地完成其职权，董事会除了注意人员构成之外还要注意董事会的内部管理。英美公司的董事会在内部管理上有两个鲜明的特点：

其一，在董事会内部设立不同的委员会，以便协助董事会更好地进行决策。一般而言，英美公司的董事会大都附设执行委员会、任免委员会、报酬委员会、审计委员会等一些委员会。这些委员会一般都是由董事长直接领导，有的实际上行使了董事会的大部分决策职能，因为有的公司董事太多，如果按正常程序进行决策，则很难应付千变万化的市场环境。也有可能因为决策者既是董事长同时也是最大股东，对公司事务有着巨大的影响力，所以不愿让太多的人分享他的决策权。在这种情况下，董事会是股东大会的常设机构，而执行委员会又成为董事会的常设机构。除这样一些具有明显管理决策职能的委员会外，有的公司还设有一些辅助性委员会，如审计委员会，主要是帮助董事会加强其对有关法律和公司内部审计的了解，使董事会中的非执行董事把注意力转向财务控制和存在的问题，从而使财务管理真正起到一种机制的作用，增进董事会对财务报告和选择性会计原则的了解；薪酬委员会，主要是决定公司高级人才的薪酬问题；董事长的直属委员会，由董事长随时召集讨论特殊问题并向董事会提交会议记录和建议的委员会，尽管它是直属于董事长的，但它始终是对整个董事会负责，而并不只是按董事长的意图行事。美国的有些公司又成立了公司治理委员会，用以解决专门的公司治理问题。

其二，将公司的董事分成内部董事和外部董事。内部董事是指公司现在的职员，以及过去曾经是公司的职员；外部董事包括三种人，一是与本公司有着紧密的业务和私人联系的外部人员；二是本公司聘请的外部人员；三是其他公司的经理人员。外部董事一般在公司董事会中占多数，但一般不在公司中任职；内部董事一般都在公司中担任重要职务，是公司经营管理的核心成员，美国大多数公司企业的内部董事人数为三人，很少有超过五人的。外部董事有的是私人投资者，它通过在股票市场上购买公司股票而成为公司大股东，但他们往往对于公司的具体业务并不了解，大部分外部董事作为其他公司的代表进入公司董事会，而这些公司又常常是法人持股者。自 20 世纪 70 年代以来，英美公司中的外部董事比例呈上升趋势。按理讲，外部董事比例的增加会加强董事会对经营者的监督与控制，但是，英美大公司中同时存在的一个普遍现象是公司首席执行官兼任董事会主席。这种双重身份实际上使董事会丧失了独立性，其结果是董事会难以发挥监督职能。

4.2.1.3　首席执行官（CEO）

董事会有权将部分经营管理权力转交给代理人代为执行。这个代理人就是公司政策执行机构的最高负责人。这个人一般被称为首席执行官，即 CEO。在多数情况下，首席执行官是由董事长兼任的。即使不是由董事长兼任，担任此职的人也几乎必然是公司的执行董事并且是公司董事长的继承人。但是，由于公司的经营管理日益复杂化，经理职能也日益专业化，大多数公司又在首席执行官之下为其设一助手，负责公司的日常业务，这就是首席营业官，即COO（Chief Operation Officer）。在大多数公司，这一职务一般由公司总裁（President）兼任，而总裁是仅次于首席执行官的公司第二号行政负责人。也有的公司由董事长同时兼任公司的首席执行官和总裁。此外常设一名首席营业官协助董事长兼首席执行官的工作。此外，公司还设有其他一些行政职务，如首席财务官等。在英美公司的行政序列中，以首席执行官的地位最高，其次为公司总裁，再次为首席营业官，接下来是首席财务官。在总裁以下，各公司还常常设有多名负责具体业务的副总裁，包括执行副总裁和资深副总裁。这些副总裁一般都负责公司的一个重要业务分部，或者是作为公司董事长和首席执行官的代表担任重要子公司的董事长兼首席执行官。由于首席执行官是作为公司董事会的代理人而产生，授予他何种权力、多大的权力以及在何种情况下授予，是由各公司董事会决定的。首席执行官的设立，体现了公司经营权的进一步集中。

4.2.1.4 外部审计制度的导入

需要注意的是，英美公司中没有监事会，而是由公司聘请专门的审计事务所负责有关公司财务状况的年度审计报告。公司董事会内部虽然也设立审计委员会，但它只是起协助董事会或总公司监督子公司财务状况和投资状况等的作用。由于英美等国是股票市场非常发达的国家，股票交易又在很大程度上依赖于公司财务状况的真实披露，而公司自设的审计机构难免在信息发布的及时性和真实性方面有所偏差，所以，英美等国很早便出现了由独立会计师承办的审计事务所，由有关企业聘请他们对公司经营状况进行独立审计并发布审计报告，以示公正。英美等国公司每年的财务报告书都附有审计事务所主管审计师签发的审计报告。政府的审计机构也在每年定期或不定期地对公司经营状况进行审计并对审计事务所的任职资格进行审查。这种独立审计制度既杜绝了公司的偷税漏税行为，又在很大程度上保证了公司财务状况信息的真实披露，有助于公司的守法经营。

4.2.2 德日模式

德日治理模式被称为是银行控制主导型，其本质特征表现在以下方面：

4.2.2.1 商业银行是公司的主要股东

目前德日两国的银行处于公司治理的核心地位。在经济发展过程中，银行深深涉足其关联公司的经营事务中，形成了颇具特色的主银行体系。所谓主银行是指某企业接受贷款中具第一位的银行称之为该企业的主银行，而由主银行提供的贷款叫做系列贷款，包括长期贷款和短期贷款。

日本的主银行制是一个多面体，主要包括三个基本层面：一是银企关系层面，即企业与主银行之间在融资、持股、信息交流和管理等方面结成的关系；二是银银关系层面，即指银行之间基于企业的联系而形成的关系；三是政银关系，即指政府管制当局与银行业之间的关系。这三层关系相互交错、相互制约，共同构成一个有机的整体，或称为以银行为中心的、通过企业的相互持股而结成的网络。

而在德国，政府很早就认识到通过银行的作用来促进经济的增长。开始银行仅仅是公司的债权人，只从事向企业提供贷款业务，但当银行所贷款的公司拖欠银行贷款时，银行就变成了该公司的大股东，银行可以自己持有一家公司多少股份，在德国没有法律的限制，但其金额不得超过银行资本的15%。一般情况下，德国银行持有的股份在一家公司股份总额的10%以下。另外德国银行还进行间接持股，即兼作个人股东所持股票的保管人。德国大部分个人股东平时都把其股票交给自己所信任的银行保管，股东可把他们的投票权转让给银行来行使，这种转让只需在储存协议书上签署授权书就可以了，股东和银行的利益分配一般被事先固定下来。这样银行得到了大量的委托投票权，能够代表储户行使股票投票权。到1988年，在德国银行储存的股票达4115亿马克，约为当时国内股票市场总值的40%，加上银行自有的股票（约为9%），银行直接、间接管理的股票就占德国上市股票的50%左右。

商业银行虽然是德日公司的最大股东，呈现公司股权相对集中的特征，但是二者仍然存在一些区别。在日本的企业集团中，银行作为集团的核心，通常拥有集团内企业较大的股份，并且控制了这些企业外部融资的主要渠道。德国公司则更依赖于大股东的直接控制，由于大公司的股权十分集中，使得大股东有足够的动力去监控经理阶层。另外由于德国公司更多地依赖于内部资金融通，所以德国银行不像日本银行那样能够通过控制外部资金来源对企业施加有效的影响。

4.2.2.2 法人持股或法人相互持股

法人持股,特别是法人相互持股是德日公司股权结构的基本特征,这一特征尤其在日本公司中更为突出。第二次世界大战后,股权所有主体多元化和股东数量迅速增长是日本企业股权结构分散化的重要表现。但在多元化的股权结构中,股权并没有向个人集中而是向法人集中,由此形成了日本企业股权法人化现象,构成了法人持股的一大特征。

据统计,日本1949~1984年,个人股东的持股率从69.1%下降为26.3%,而法人股东的持股率则从15.5%上升为67%,到1989年日本个人股东的持股率下降为22.6%,法人股东持股率则进一步上升为72%,正由于日本公司法人持股率占绝对比重,有人甚至将日本这种特征称为"法人资本主义"。

由于德日在法律上对法人相互持股没有限制,因此德日公司法人相互持股非常普遍。法人相互持股有两种形态,一种是垂直持股,如丰田、住友公司,它们通过建立母子公司的关系,达到密切生产、技术、流通和服务等方面相互协作的目的。另一种是环状持股,如三菱公司、第一软银集团等,其目的是相互之间建立起稳定的资产和经营关系。

总之,公司相互持股加强了关联企业之间的联系,使企业之间相互依存、相互渗透、相互制约,在一定程度上结成了"命运共同体"。

4.2.2.3 严密的股东监控机制

德日公司的股东监控机制是一种"主动性"或"积极性"的模式,即公司股东主要通过一个能信赖的中介组织或股东当中有行使股东权力的人或组织,通常是一家银行来代替他们控制与监督公司经理的行为,从而达到参与公司控制与监督的目的,如果股东们对公司经理不满意,不像英美两国公司那样只是"用脚投票",而是直接"用手发言"。但是德日公司的监控机制的特征有所不同。

4.2.2.4 德国公司监控机制的特征

德国公司监控机制的特征表现在两个方面:

一是德国公司的业务执行职能和监督职能相分离,并成立了与之相对应的两种管理机构,即执行董事会和监督董事会,亦称双层董事会。依照法律,在股份公司中必须设立双层董事会。监督董事会是公司股东、职工利益的代表机构和监督机构。

德国公司法规定，监督董事会的主要权责，一是任命和解聘执行董事，监督执行董事是否按公司章程经营；二是对诸如超量贷款而引起公司资本增减等公司的重要经营事项作出决策；三是审核公司的账簿，核对公司资产，并在必要时召集股东大会。德国公司监事会的成员一般要求有比较突出的专业特长和丰富的管理经验，监事会主席由监事会成员选举，须经 2/3 以上成员投赞成票而确定，监事会主席在表决时有两票决定权。由此来看，德国公司的监事会是一个实实在在的股东行使控制与监督权力的机构，因为它拥有对公司经理和其他高级管理人员的聘任权与解雇权。这样无论从组织机构形式上，还是从授予的权力上，都保证了股东确实能发挥其应有的控制与监督职能。由于银行本身持有大量的投票权和股票代理权，因而在公司监事会的选举中必然占有主动的地位，德国在 1976~1977 年度的一份报告中表明，在德国最大的 85 个公司监事会中，银行在 75 个监督董事会中占有席位，并在 35 个公司监事会中担任主席。如果公司经理和高层管理人员管理不善，银行在监事会的代表就会同其他代表一起要求改组执行董事会，更换主要经理人员。由此可见，德国在监事会成员的选举、监事会职能的确定上都为股东行使控制与监督权提供了可能性，而银行直接持有公司股票，则使股东有效行使权力成为现实。

二是德国监控机制有别于其他国家的重要特征是职工参与决定制度。由于德国在历史上曾是空想社会主义和工人运动极为活跃的国家，早在 200 年前早期社会主义者就提出职工民主管理的有关理论。1848 年，在法兰克福国民议事会讨论《营业法》时就提议在企业建立工人委员会作为参与决定的机构。1891 年重新修订的《营业法》首次在法律上承认工人委员会。德国魏玛共和国时期制定的著名的魏玛宪法也有关于工人和职员要平等与企业家共同决定工资和劳动条件，工人和职员在企业应拥有法定代表并通过他们来保护自身的社会经济利益等规定。尤其在第二次世界大战以后，随着资本所有权和经营权的分离，德国职工参与意识进一步兴起，德国颁布了一系列关于参与决定的法规。目前，在德国实行职工参与制的企业共有雇员 1860 万，占雇员总数的 85%。在德国的职工参与中，可以分为三种形式。其一是在拥有职工 2000 名以上的股份有限公司、合资合作公司、有限责任公司。这种参与方式的法律依据是 1976 年通过的《参与决定法》。它涉及的主要是监事会的人选。监事会的人数视企业规模而定,在2000名以上到1万名职工以上的企业有监事会成员20名。职工进入监事会的代表中,职工和高级职员是按比例选举的,但每一群体至少有1名代表。其二是拥有1000名以上职工的股份有限公司、有限责任公司等企业的参与决定涉及董事会和监事会。董事会中要求有1名劳工经理参加。监事会的人数定为11人,席位分配的过程是,劳资双方分别提出4名代表和1名"其他成员",再加1名双方都能接受的"中立的"第三方。其中的"其他人员"规定为不允许与劳资双方有任何依赖关系,也不能来自那些与本企业有利害关系的企业。其三是雇工500名以上的股份公司、合资合作公司等。规定雇员代表在监事会中占1/3,在监事会席位总数多于1个席位时,至少要有1名工人代表和1名职工代表。职工代表由工人委员会提出候选人名单,再由职工直接选举。

这样职工通过选派职工代表进入监事会参与公司重大经营决策,即所谓"监事会参与决定",使得企业决策比较公开,这有利于对公司经营的监督,同时还有利于公司的稳定和持续发展。因为职工在监事会中占有一定的席位,在一定程度上减少了公司被兼并接管的可能性。这也是德国公司很少受到外国投资者接管威胁的主要原因之一,从而保护了经理人员做出长期投资的积极性。

4.2.2.5 日本公司监控机制的特征

日本银行的双重身份,决定了其必然在固定行使监控权力中,发挥领导的作用。日本银行及其法人股东通过积极获取经营信息对公司主管实行严密的监督。一方面,银行作为公司的主要股东,在盈利情况良好的条件下,银行只是作为"平静的商业伙伴"而存在。另一方面如果公司盈利开始下降,主银行由于所处的特殊地位,能够很早就通过营业往来账户、短期信贷、与公司最高管理层商业伙伴的长期个人交往等途径获取信息,及时发现问题。如果情况继续恶化,主银行就可以通过召开股东大会或董事会来更换公司的最高领导层。日本的董事会与美国很相似,基本上是实行业务执行机构与决策机构合二为一。但是日本董事会的股东代表特别少,从总体上看具有股东身份的仅占9.4%(主要股东为5.7%,股东代表为3.7%),而在上市公司特别是大公司中,具有股东身份的仅占3.9%,其余大部分都是内部高、中层的经理管理人员等。从董事会成员构成可以看出,董事会不是股东真正行使监控权力的机构。另外,从表面上看,日本公司董事会也没有银行的代表,实际上并非如此,在日本公司董事会中,有 1 名以上的董事常常是公司主银行的前任主管,这是日本商业银行的通行做法。这位前任主管实际上就是为主银行收集信息,并对公司主管实行严密监控,当对公司主管经理的经营业绩不满意时,就可以利用股东大会罢免这些经理人员。日本公司还通过定期举行的"经理俱乐部"会议对公司主管施加影响。尽管"经理俱乐部"会议是非正式的公司治理结构,但它实际上是银行和其他主要法人股东真正行使权力的场所。在"经理俱乐部"会议上,包括银行和法人股东在内的负责人与公司经理一道讨论公司的投资项目、经理的人选以及重大的公司政策等。

4.2.3 家族模式

由于国情和企业所处的成长与发展环境的差异,使得韩国和东南亚的家族治理模式既有相同之处也有不同之处。在韩国和东南亚家族治理模式的特征中,有些特征无论是在形式上还是在内容上都是相同的,但也有些特征只是在形式上是相同的,但在内容上却是不相同的。为了研究的方便,本书把形式上相同的特征都归诸于韩国与东南亚家族治理模式的共性,至于内容上的不同则在阐述相关特征时加以区别说明。同时,有些特征只存在于东南亚家族治理模式中,也有一些特征只存在于韩国的家族治理模式中,本书把这样的特征归诸于韩国和东南亚家族治理模式在特征上的差别。下面从共性和差别两个方面分别阐述韩国和东南亚家族治理模式的特征。

4.2.3.1 企业所有权或股权主要由家族成员控制

在韩国和东南亚的家族企业中,家族成员控制企业的所有权或股权表现为五种情况。第一种情况是,企业的初始所有权由单一创业者拥有,当创业者退休后,企业的所有权传递给子女,由其子女共同拥有。第二种情况是,企业的初始所有权由参与创业的兄弟姐妹或堂兄弟姐妹共同拥有,待企业由创业者的第二代经营时,企业的所有权则由创业者的兄弟姐妹的子女或堂兄弟姐妹的子女共同拥有。第三种情况是,企业的所有权由合资创业的具有血缘、姻缘和亲缘的家族成员共同控制,然后顺延传递给创业者第二代或第三代的家族成员,并由他们共同控制。第四种情况是,家族创业者或家族企业与家族外其他创业者或企业共同合资创办企业时，由家族创业者或家族企业控股，待企业股权传递给家族第二代或第三代后，形成由家族成员联合共同控股的局面。第五种情况是，一些原来处于封闭状态的家族企业，迫于企业公开化或社会化的压力，把企业的部分股权转让给家族外的其他人或企业，或把企业进行改造公开上市，从而形成家族企业产权多元化的格局，但这些股权已经多元化的家族企业的所有权仍然主要由家族成员控制着。上述五种情况中的每一种情况，在韩国和东南亚的家族企业中都大量存在着，而且上述五种情况包括了韩国和东南亚家族企业所有权或股权由家族成员控制的基本概况。

4.2.3.2 企业主要经营管理权掌握在家族成员手中

在韩国和东南亚的家族企业，家族成员控制企业经营管理权主要分两种情况。一种情况是企业经营管理权主要由有血缘关系的家族成员控制，另一种情况是企业经营管理权主要由有血缘关系的家庭成员和有亲缘、姻缘关系的家族成员共同控制。

4.2.3.3 企业决策家长化

由于受儒家伦理道德准则的影响，在韩国和东南亚家族企业中，企业的决策被纳入了家族内部序列，企业的重大决策如创办新企业、开拓新业务、人事任免、决定企业的接班人等都由家族中的同时是企业创办人的家长一人做出，家族中其他成员做出的决策也须得到家长的首肯，即使这些家长已经退出企业经营的第一线，但由家族第二代成员作出的重大决策，也必须征询家长的意见或征得家长的同意。当家族企业的领导权传递给第二代或第三代后，前一代家长的决策权威也同时赋予第二代或第三代接班人，由他们作出的决策，前一辈的同一辈的其他家族成员一般也必须服从或遵从。但与前一辈的家族家长相比，第二代或第三代家族家长的绝对决策权威已有所降低，这也是家族企业在第二代或第三代出现矛盾或冲突的根源所在。

4.2.3.4 经营者激励约束双重化

在韩国和东南亚的家族企业中，经营者受到了来自家族利益和亲情的双重激励和约束。对于家族第一代创业者而言，他们的经营行为往往是为了光宗耀祖或使自己的家庭更好地生活，以及为自己的子孙后代留下一份产业。对于家族企业第二代经营者来说，发扬光大父辈留下的事业、保值增值作为企业股东的家族成员资产的责任、维持家族成员亲情的需要，是对他们的经营行为进行激励和约束的主要机制。因此，与非家族企业经营者相比，家族企业的经营者的道德风险、利己的个人主义倾向发生的可能性较低，用规范的制度对经营者进行监督和约束已经成为不必要。但这种建立在家族利益和亲情基础上的激励约束机制，使家族企业经营者所承受的压力更大，并为家族企业的解体留下了隐患。

4.2.3.5　企业员工管理家庭化

韩国和东南亚的家族企业不仅把儒家关于"和谐"和"泛爱众"的思想用于家族成员的团结上，而且还推广应用于对员工的管理上，在企业中创造和培育一种家庭式的氛围，使员工产生一种归属感和成就感。例如，马来西亚的金狮集团，在经济不景气时不辞退员工，如果员工表现不佳，公司不会马上开除，而是采取与员工谈心等形式来分析问题和解决问题，这种家庭式的管理氛围在公司中产生了巨大的力量。印度尼西亚林绍良主持的中亚财团，对工龄在25年以上的超龄员工实行全薪退休制，使员工增加了对公司的忠诚感。再如，韩国的家族企业都为员工提供各种福利设施，如宿舍、食堂、通勤班车、职工医院、浴池、托儿所、员工进修条件等。韩国和东南亚家族企业对员工的家庭式管理，不仅增强了员工对企业的忠诚感，提高了企业经营管理者和员工之间的亲和力和凝聚力，而且还减少和削弱了员工和企业间的摩擦和矛盾，保证了企业的顺利发展。

4.2.3.6　来自银行的外部监督弱

在东南亚，许多家族企业都涉足银行业。其中，一些家族企业的最初创业就始于银行经营，然后把企业的事业领域再拓展到其他产业；也有一些家族企业虽然初始创业起步于非银行领域的其他产业，但当企业发展到一定程度后再逐步把企业的事业领域拓展到银行业。作为家族系列企业之一的银行与家族其他系列企业一样，都是实现家族利益的工具，因此，银行必须服从于家族的整体利益，为家族的其他系列企业服务。所以，属于家族的银行对同属于家族的系列企业基本上是软约束。许多没有涉足银行业的家族企业一般都采取由下属的系列企业之间相互担保的形式向银行融资，这种情况也使银行对家族企业的监督力度受到了削弱。在韩国，银行作为政府干预经济活动的一个重要手段，是由政府控制的。一个企业的生产经营活动只有符合政府的宏观经济政策和产业政策要求,才会获得银行的大量优惠贷款,否则就很难得到银行的贷款。所以,韩国的家族企业为了生存和发展,都纷纷围绕政府的宏观经济政策和产业政策从事创办企业和从事经营活动。这种情况使得韩国的家族企业得到了没有来自银行约束的源源不断的贷款。除筹资功能外,银行在韩国只是一个发放贷款的工具,而对贷款流向哪些企业,获得贷款企业的金融体质是否健康则很少关心,使得韩国家族企业受到来自银行的监督和约束力度较小。

4.2.3.7 政府对企业的发展有较大的制约

韩国和东南亚的家族企业在发展过程中都受到了政府的制约。在东南亚国家,家族企业一般存在于华人中间,而华人又是这些国家的少数民族(新加坡除外),且掌握着国家的经济命脉;华人经济与当地土著经济之间存在着较大的差距。因此,华人家族企业经常受到政府设置的种种障碍的限制。为了企业的发展,华人家族企业被迫采取与政府及政府的公营企业合作,与政府公营企业合资以及在企业中安置政府退休官员和政府官员亲属任职等形式,来搞好与政府的关系。而在韩国,政府对家族企业的制约主要表现在政府对企业发展的引导和支持上。凡家族企业的经营活动符合国家宏观经济政策和产业政策要求的,政府会在金融、财政、税收等方面给予各种优惠政策进行引导和扶持,反之,政府会在金融、财政、税收等方面给予限制。因此,在韩国和东南亚,家族企业的发展都受到了政府的制约,但在东南亚,政府对家族企业采取的主要措施是限制,在韩国,政府对家族企业采取的主要措施则是引导和扶持。

4.3 公司治理中的股权激励

股权激励,是一种通过经营者获得公司股权形式给予企业经营者一定的经济权利,使他们能够以股东的身份参与企业决策、分享利润、承担风险,从而勤勉尽责地为公司的长期发展服务的一种激励方法。股权激励不同于其他公司治理模式的特点在于不再使用权利的赋予与剥夺、监督与制衡等模式，从表面上看，股权激励是股东对经营者的一种奖励，一种期权的行权和额外财产的取得，但是实质上将经营者从纯粹的代理人变成一种特殊意义上的股东，这种特殊意义上的"股东"所持有的股票或者其他意义上的财产权利与二级市场上的投资者有很大的不同，其不同点可以从两个方面来解释：(1) 股权激励对于经营者来说往往是一种期权，股东是否兑现其股权激励计划往往对经营者设定了一定的经营目标作为行权条件，同时还有期限和数量上的严格限制，这与二级市场投资者是有很大不同的；(2) 股票期权往往有禁售期及其他的转让时间和数量上的限制，这种限制既可以表现为公司法上的规定，也可以表现为公司章程的规定，而二级市场上的投资者在购买出售股票上并无此方面的限制，完全是买卖双方的合意行为。作为一个理性的经济人，谁都不愿意自己财产的贬值和减损，通过股权激励的方式股东将经营者与公司的经营业绩和表现紧紧"绑架"在一起，从而达到一种风雨同舟、同进同退的效果，这无疑是降低经营者的道德风险、降低代理成本、实现股东利益最大化的一种很好的途径。

股权激励的形式多种多样，主要包括以下几种：

(1) 业绩股票，是指在年初确定一个较为合理的业绩目标，如果激励对象到年末时达到预定的目标，则公司授予其一定数量的股票或提取一定的奖励基金购买公司股票。业绩股票的流通变现通常有时间和数量限制。另一种与业绩股票在操作和作用上相类似的长期激励方式是业绩单位，它和业绩股票的区别在于业绩股票是授予股票，而业绩单位是授予现金。

(2) 股票期权，是指公司授予激励对象的一种权利，激励对象可以在规定的时期内以事先确定的价格购买一定数量的本公司流通股票，也可以放弃这种权利。股票期权的行权也有时间和数量限制，且需激励对象自行为行权支出现金。目前在我国有些上市公司中应用的虚拟股票期权是虚拟股票和股票期权的结合，即公司授予激励对象的是一种虚拟的股票认购权，激励对象行权后获得的是虚拟股票。

(3) 虚拟股票，是指公司授予激励对象一种虚拟的股票，激励对象可以据此享受一定数量的分红权和股价升值收益，但没有所有权，没有表决权，不能转让和出售，在离开企业时自动失效。

(4) 股票增值权，是指公司授予激励对象的一种权利，如果公司股价上升,激励对象可通过行权获得相应数量的股价升值收益,激励对象不用为行权付出现金,行权后获得现金或等值的公司股票。

(5)限制性股票,是指事先授予激励对象一定数量的公司股票,但对股票的来源、抛售等有一些特殊限制,一般只有当激励对象完成特定目标(如扭亏为盈)后,激励对象才可抛售限制性股票并从中获益。

(6)延期支付,是指公司为激励对象设计一揽子薪酬收入计划,其中有一部分属于股权激励收入,股权激励收入不在当年发放,而是按公司股票公平市价折算成股票数量,在一定期限后,以公司股票形式或根据届时股票市值以现金方式支付给激励对象。

(7)经营者/员工持股,是指让激励对象持有一定数量的本公司的股票,这些股票是公司无偿赠与激励对象的、或者是公司补贴激励对象购买的、或者是激励对象自行出资购买的。激励对象在股票升值时可以受益,在股票贬值时受到损失。

(8)管理层/员工收购,是指公司管理层或全体员工利用杠杆融资购买本公司的股份,成为公司股东,与其他股东风险共担、利益共享,从而改变公司的股权结构、控制权结构和资产结构,实现持股经营。

(9)账面价值增值权,具体分为购买型和虚拟型两种。购买型是指激励对象在期初按每股净资产值实际购买一定数量的公司股份,在期末再按每股净资产期末值回售给公司。虚拟型是指激励对象在期初不需支出资金,公司授予激励对象一定数量的名义股份,在期末根据公司每股净资产的增量和名义股份的数量来计算激励对象的收益,并据此向激励对象支付现金。

以上第(1)至第(8)种为与证券市场相关的股权激励模式,在这些激励模式中,激励对象所获收益受公司股票价格的影响。而账面价值增值权是与证券市场无关的股权激励模式,激励对象所获收益仅与公司的一项财务指标—每股净资产值有关,而与股价无关。

其中应用最为广泛的是股票期权和限制性股票,其他形式的股权激励计划大致是这两种形式的变形。

股票期权是指股东会赋予经营管理层在一定期限内购买一定数量公司股票的权利,至于此种权利是否实现要看经营管理层能否达到股东规定的经营目标。在行权以前,被授予股票期权的经营管理层没有享受到财产权益;在行权后,其获得的收益为行权价和行权日市场价的差额。

限制性股票是指通过股东会决议允许经营者以预先确定的条件以较低的价格或者是无偿获得公司一定数量的股票,限制性股票激励计划中需要包含一定的业绩条件。在符合所设定的业绩目标的前提下,激励对象需要对所授予的股票进行购买。而如果未能达到预定条件的,则限制性股票激励计划自然终止。限制性股票在出售时往往具有严格的时间限制和条件限制。以股权激励最为发达的美国为例,经营管理层要出售限制性股票获利的限制十分严格,如公司持续达到一定的盈利水平或者是经营管理层持有满一定年限甚至是退休才可以出售此种股票。

从法律性质上来看,股票期权和限制性股票授予协议实际上是经营管理层和股东之间的一种附条件、附期限的买卖或者是赠与合同,其既可以是无偿的,也可以是有偿的,虽然股票期权和限制性股票都是股权激励的方式,但是两者之间存在着显著的差别,主要表现为:

(1)股票期权只有在达到一定的条件时才可以行权,其获得的是对公司未来收益的分享权;而限制性股票是在公司首先预设一定的条件授予经营管理层一定的股票,但是只有达到所规定的业绩、工作年限等限制性条件时持有者才能将其卖出套利。

(2)股票期权持有人可以选择行权,也可以选择不行权,从法律上看是一种形成权,这种形成权限定了时间,过了规定的行权期间此形成权即归于消灭,在股票市场价格低于行权价格时,股票期权持有人完全可以选择不行权;但是限制性股票则是先以低于现时市场价格授予激励对象,如果未来股票市场价格低于现价,则持有人无法从中套利,因此,经营管理层就因为自己的趋利避害性而对公司勤勉尽责,从而达到优良的经营业绩。

股权激励是公司治理的推进剂。目前实施奖励策略是否能一定实现公司经营业绩的提高并无定论,相反有些学者认为实施奖励策略是公司低效率的股东监督的表现,强势薪酬计划并非总是公司治理上一种理性的选择。也有些学者通过经济学建模研究得出上市公司绩效与股权激励存在显著正相关关系。包括股权激励此种奖励策略在内的各种公司治理的手段,在采取时都要审时度势,量体裁衣。同时奖励策略只是作为公司治理手段中的一种,并不能取代选任、监督等策略,各种手段综合运用往往才能达到更好的效果,但是不可否认的是股权激励等奖励措施在降低代理人的道德风险和代理成本、吸引和留住人才、解决内部人控制并将其才能充分致力于公司经营和股东利益是有一定的积极作用的。

从世界各国的实践以及《公司法》的规定来看，股权激励作为一种公司治理的手段基本上得到了肯定，美国法律即授权公司可以发行股票期权、影子股票以及其他各种形式的激励薪酬；德国原来的激励薪酬受到税法和公司法的严格限制，但是这种状况目前也发生了一定的改变，如德国公司法允许公司回购10%发行在外的股份用于股票期权计划。当然，"安然事件"曾经使许多西方公司都放弃了股权激励这种奖励措施，在国内因推行股票期权计划而导致管理层天价薪酬等事件也得以显现。就此而言，任何制度都有由不完善到完善的过程，但是并不能因此否定股权激励计划在降低代理成本、充分发挥人才的积极性的作用。

总而言之，股权激励有四大作用：

一是**激励作用**。股权激励使被激励者拥有公司的部份股份（或股权），用股权这个纽带将被激励者的利益与公司的利益紧紧地绑在一起，使其能够积极、自觉地按照实现公司既定目标的要求，为了实现公司利益的最大化而努力工作，释放出其人力资本的潜在价值，并最大限度地降低监督成本。

二是**约束作用**。约束作用主要表现在两方面，一是因为被激励者与公司已经形成了"一荣俱荣、一损俱损"的利益共同体，如果经营者因不努力工作或其他原因导致公司利益受损，比如出现亏损，则经营者将要分担公司的损失；二是通过一些限制条件（比如限制性股票）使被激励者不能随意（或轻意）离职——如果被激励者在合同期满前离职，则会损失一笔不小的既得经济利益。

三是**改善员工福利作用**。这对于那些效益状况良好且比较稳定的公司，实施股权激励使多数员工通过拥有公司股权参与公司利润的分享，有十分明显的福利效果，而且这种福利作用还有助于增强公司对员工的凝聚力，利于形成一种以"利益共享"为基础的公司文化。

四是**稳定员工作用**。由于很多股权激励工具都对激励对象利益的兑现附带有服务期的限制，使其不能轻言"去留"。特别是对于高级管理人员和技术骨干、销售骨干等"关键员工"，股权激励的力度往往比较大，所以股权激励对于稳定"关键员工"的作用也比较明显。

股权激励手段的有效性在很大程度上取决于经理人市场的建立健全，只有在合适的条件下，股权激励才能发挥其引导经理人长期行为的积极作用。经理人的行为是否符合股东的长期利益，除了其内在的利益驱动以外，同时受到各种外在机制的影响，经理人的行为最终是其内在利益驱动和外在影响的平衡结果。股权激励只是各种外在因素的一部分，它的适用需要有各种机制环境的支持，这些机制可以归纳为市场选择机制、市场评价机制、控制约束机制、综合激励机制和政府提供的政策法律环境。具体而言，可以总结如下：

（1）市场选择机制。充分的市场选择机制可以保证经理人的素质，并对经理人行为产生长期的约束引导作用。以行政任命或其他非市场选择的方法确定的经理人，很难与股东的长期利益保持一致，很难使激励约束机制发挥作用。对这样的经理人提供股权激励是没有依据的，也不符合股东的利益。职业经理市场提供了很好的市场选择机制，良好的市场竞争状态将淘汰不合格的经理人，在这种机制下经理人的价值是市场确定的，经理人在经营过程中会考虑自身在经理市场中的价值定位而避免采取投机、偷懒等行为。在这种环境下股权激励才可能是经济和有效的。

（2）市场评价机制。没有客观有效的市场评价，很难对公司的价值和经理人的业绩作出合理评价。在市场过度操纵、政府的过多干预和社会审计体系不能保证客观公正的情况下，资本市场是缺乏效率的，很难通过股价来确定公司的长期价值，也就很难通过股权激励的方式来评价和激励经理人。没有合理公正的市场评价机制，经理人的市场选择和激励约束就无从谈起。股权激励作为一种激励手段当然也就不可能发挥作用。

（3）控制约束机制。是对经理人行为的限制，包括法律法规政策、公司规定、公司控制管理系统。良好的控制约束机制，能防止经理人的不利于公司的行为，保证公司的健康发展。约束机制的作用是激励机制无法替代的。国内一些国有企业经营者的问题，不仅仅是激励问题，很大程度上是约束的问题，加强法人治理结构的建设将有助于提高约束机制的效率。

（4）综合激励机制。是通过综合的手段对经理人行为进行引导，具体包括工资、奖金、股权激励、晋升、培训、福利、良好工作环境等。不同的激励方式其激励导向和效果是不同的，不同的企业、不同的经理人、不同的环境和不同的业务对应的最佳激励方法也是不同的。公司需要根据不同的情况设计激励组合。其中股权激励的形式、大小均取决于关于激励成本和收益的综合考虑。

（5）政策环境。政府有义务通过法律法规、管理制度等形式为各项机制的形成和强化提供政策支持，创造良好的政策环境，不合适的政策将妨碍各种机制发挥作用。目前国内的股权激励中，在操作方面主要面临股票来源、股票出售途径等具体的法律适用问题，在市场环境方面，政府也需要通过加强资本市场监管、消除不合理的垄断保护、政企分开、改革经营者任用方式等手段来创造良好的政策环境。

4.4 国际公司治理比较研究对我国公司治理的重要启示和借鉴意义

（1）中国的公司治理模式。中国的公司治理采用的是二元制公司治理模式，在股东会下设立董事会和监事会，两者是平等关系，一同向股东负责，监事会负责监督董事会。从形式上看，中国的公司治理模式最为接近日本模式，但从实质上看并不一样。中国的公司治理还学习了美国，引入了美国的独立董事制度，即在董事会中引入独立董事，目的是利用独立董事制衡约束内部董事。

（2）中国公司治理的弊端。中国在市场和公司上的发展特点，致使中国不能盲目模仿照搬国外的公司治理，中国应建立起适合自己的公司治理模式。当前，中国公司治理模式是对日德模式和美英模式的简单组合，从中国自身特点和实际应用效果角度分析，这种组合的效果并不十分理想。理由如下：

第一，中国虽在形式上模仿了日德的二元制公司治理模式，但中国外部治理十分薄弱，既没有日德的主银行制，也没有英美发达资本市场上的大量机构投资者。在中国，商业银行一般不是主要股东，没有大量法人交叉持股，不存在大量机构股东，缺乏外部力量监控公司治理和制约大股东，存在大量一股独大、股权过度集中的现象。正是由于外部力量薄弱和机构股东作用不强,导致出现大量内部人控制现象。作为二元制中重要的职能部门——监事会,在中国公司发挥的作用不大,甚至常被大股东或董事会控制而形如虚设。

第二,中国引进了独立董事制度,规定公司董事会中至少要有 1/3 的董事为独立董事,通过独立董事制衡与约束内部董事。但实际中同样存在与监事会相同的问题,独立董事也有作用不大和形如虚设的现象。这种现象也可归因于中国公司外部治理很弱、中国股权结构不合理。

(3) 全球公司治理发展趋势。全球公司治理有趋同化发展趋势,这种趋同化发展趋势主要表现为:日德两国大力利用资本市场融资和保护个人股东利益,不再一味依靠银行负债,法人交叉持股数量减少。美英两国放松对银行持股的限制,法人交叉持股数量增多,借鉴德国利用非独立董事监督内部董事。其他国家公司治理模式,也有向日德和美英模式学习的趋势。从近年来全球公司治理发展看,各国公司治理正在相互靠近、相互补充,大有趋同之势。但由于各国国情不同,较长时期内,还是以自我模式为主,趋同化是一个长期整合的过程。所以,中国在吸收他国优秀公司治理之处的同时,要结合自身国情,找到真正适合自己的公司治理模式。

(4) 通过国际比较,借鉴国际经验,建立具有中国特色的公司治理模式。通过本书前面各章一系列国际比较研究,可以认为随着全球公司治理不断由公司走向市场以及不断求同存异的国际大趋势,中国公司治理至少应当采取以下三项改革措施:

一是优化公司股权结构。中国公司股权过度集中于少数大股东手里,股权分散度太低,是中国当前最突出的股权结构问题。国外公司股权发展趋势是从过于集中(日本、德国等)和过于分散(美国、英国等)向股权适当集中/分散转变,实践也证明适当股权集中度有助于公司更加健康地发展。中国应该吸收国外先进的改革经验,采取措施降低股权分散度;应大力引进合格的战略投资者,增加战略投资者持股比例,降低第一大股东的持股比例,努力将战略投资者发展成为第二、第三大股东,增强战略投资者的治理能力。提高战略投资者的持股稳定性,应扩大法人交叉持股比例,适度发展银行持股。同时为了提高相关人员参与公司治理的积极性,应鼓励经理人员、员工以及其他利益相关者持股。

二是尝试取消监事会。中国公司治理中同时存在监事和独立董事两类治理人员，实施监事会制度和独立董事制度两种制度。在具体实施中发现，两者之间没有形成明确的工作界线，两者有很多的重叠，给公司造成不必要的浪费。两者职责划分不明确往往会导致两者在履行监督工作时互相推诿、出现责任时又互相推脱。同时，由于中国公司内部人控制严重，导致常常出现两者被架空、形如虚设、不尽责等现象，极大地降低了两者的作用。在国外，采用一元制公司治理结构的国家没有监事会；日本公司治理虽同时包括两者，但日本公司治理改革的方向已经明确，就是逐步取消监事会；德国的监督董事会实际作用要远远大于中国监事会。在中国，监事会通常由公司内部人员和退休人员担任，独立性和工作水平很难保证，通常独立董事比监事能更好地发挥作用。鉴于以上论述，中国公司应当尝试取消监事会，用独立董事完全取代监事。实行这项改革措施加大了独立董事的工作内容和相应责任，需要增加董事会中独立董事数量和所占比例，加大对独立董事的管理力度，同时应提高独立董事待遇，提高独立董事积极性、专业胜任能力，并考虑适当增加女性董事的数量。

三是改组董事会。取消监事会后，就形成单一董事会，如果不对董事会进行改革，那么中国公司治理模式就比较接近美国模式。鉴于两国国情的巨大差异和美国公司治理同样存在缺陷，中国不能照搬美国模式，应同时对董事会制度进行相应改革。中国要找到适合自己的治理模式，最关键的就是要建立适合自己的董事会。在董事会内部可以分设内外部两个部分，即董事会内包括内部董事会和外部董事会。内部董事会成员由公司内部高层人员担任，一般多由经理人员担任。外部董事会成员由独立董事和利益相关者担任，独立董事应占半数以上，外部董事会中的利益相关者包括中小股东、债权人、主要客户以及公司员工等。内部董事会负责公司重大事项的经营管理工作，负责制定公司重大战略。之所以内部董事会成员应由经理人员担任，是因为这样有助于董事与经理之间的沟通，提高董事会的工作效率，也有利于提高经理人员积极性。外部董事会负责监督工作，同时也具有投票表决权，这是与监事会最根本的不同之处。战略的制定首先由内部董事会完成，在初步制定后应征求外部董事会意见，并结合外部董事会意见，由内部董事会对战略进行修改。在进行决策时，外部董事会与内部董事会拥有同样的表决权，需半数以上才能通过。董事会下设委员会由外部董事会人员担任。内部董事会工作范围比较有限，主要集中于经营管理方面，其他事物由外部董事会完成，所以内部董事会规模应小于外部董事会规模。内、外部董事会的主席分别由一名副董事长兼任，分别负责本部分工作以及相互配合工作。两个董事会不是并列的关系，而是董事会内的融合关系。这样改组董事会，既提高了董事会效率，充分激发了各利益方的工作积极性，又增加了董事会内部的相互制衡作用，有效弥补了中国外部治理薄弱的缺陷。

那么，通过国际比较，借鉴了国际经验之后，建立的中国公司新治理模式的优势有哪些呢？具体有如下几个方面：

一是股权结构更加合理。通过引入合格的战略投资者、发展法人交叉持股、有限度的允许银行持股，可以有效避免一股独大、大股东一人控制，分散了股权，提高了持股的稳定性，增强了公司内部治理。通过鼓励经理人员、工会代表以及其他利益相关者持有公司股份，实现持股人多元化，不仅可以提高内部人员工作积极性，而且可以充分利用利益相关者增强公司外部治理。在中国外部市场发育很不成熟的情况下，使用证券市场、商品市场制约公司行为有时会效果不好，寻求外部利益相关者力量对公司进行制衡就显得非常必要。

二是公司治理结构更加精简。取消了监事会，简化了公司治理结构。这样做，不仅降低了公司的成本，减少了监事会运营成本和监事薪金等支出，更为重要的是，提高了公司治理效率。监事会与独立董事在工作上的重叠，不仅影响两者的工作效率，而且使两者在工作范围和责任承担方面的划分出现困难。利用独立董事完全代替监事，承担起监督任务，并明确监督责任，可以有效化解上述问题，从而改善了公司治理结构。

三是董事会功能更为强大，董事来源更为合理。在董事会内划分出内部董事会、外部董事会两个部分，内部董事会主要负责经营管理、战略制定方面的工作，外部董事会主要负责监督制衡、战略建议方面的工作。经理人员是内部董事会的成员，独立董事和利益相关者是外部董事会的成员。这样改组董事会不仅保留了原来董事会的全部职能，还包括了监事会的职能，使董事会功能变得更为强大。经理人员担任董事，可以提高工作积极性和沟通便利性，从而提高经营管理效率。中小股东、工会代表、债权人、政府代表等利益相关者担任董事，在董事会内部形成强大制衡，可以有效约束公司内部人员的行为。董事人选除了由股东会决定外，还应由利益相关组织委派人员担任董事，独立董事的选聘更应由社会政府或权威组织统一进行考核选拔，这样的董事来源会更为合理。

4.5 我国资本市场监管机构在公司治理方面的最新进展

为认真贯彻落实党中央、国务院关于促进资本市场稳定健康发展的决策部署，进一步推动上市公司规范运作，提升公司治理水平，保护投资者合法权益，2018年9月30日，证监会修订并正式发布《上市公司治理准则》（以下简称《准则》），自发布之日起施行。

此次修订《准则》，始终坚持全面贯彻落实党的十九大精神，坚持以人民为中心的发展思想，立足中国国情，借鉴国际经验，在保留原《准则》对上市公司治理主要规范要求的基础上，适应境内外市场变化和公司治理发展趋势，增加了一系列新要求。

按照有关立法程序的要求，2018年6月15日至7月14日，证监会在官方网站就《准则》修订向社会公开征求意见。证监会认真梳理研究反馈意见，采纳了合理可行的意见和建议，对征求意见稿作了进一步修改完善。

修订后的《准则》共十章、98条，内容涵盖上市公司治理基本理念和原则，股东大会、董事会、监事会的组成和运作，董事、监事和高级管理人员的权利义务，上市公司激励约束机制，控股股东及其关联方的行为规范，机构投资者及相关机构参与公司治理，上市公司在利益相关者、环境保护和社会责任方面的基本要求，以及信息披露与透明度等。此次修订的重点包括以下几个方面：

一是紧扣新时代的主题，要求上市公司在公司治理中贯彻落实创新、协调、绿色、开放、共享的发展理念，增加上市公司党建要求，强化上市公司在环境保护、社会责任方面的引领作用。

二是针对我国资本市场投资者结构特点,进一步加强对控股股东、实际控制人及其关联方的约束,更加注重中小投资者保护,发挥中小投资者保护机构的作用。

三是积极借鉴国际经验,推动机构投资者参与公司治理,强化董事会审计委员会作用,确立环境、社会责任和公司治理(ESG)信息披露的基本框架。

四是回应各方关切,对上市公司治理中面临的控制权稳定、独立董事履职、上市公司董监高评价与激励约束机制、强化信息披露等提出新要求。

下一步,证监会将根据新《准则》,研究完善相关规章、规范性文件,指导证券交易所、中国上市公司协会等自律组织制定、修改相关自律规则,逐步完善上市公司治理规则体系。同时,加强对上市公司的培训,强化上市公司完善治理、规范运作的自觉性,不断提高上市公司质量。

综上所述,本书的研究包括审查 OECD、BCBS 和 ICGN 等公司治理团体以及欧盟等全球各国公司治理的最新发展,并特别关注北欧国家和新兴市场中的公司治理发展。研究结果证实,公司治理在 2008 年金融危机之后发生了重大和广泛的变化。公司治理做法中有显著变化的领域是控制环境和风险、透明度和披露、股东权利、对良好公司治理的更强承诺、审查和加强公司治理守则。同时,本书还通过对国际经验的总结,提出了可以为中国公司治理的发展借鉴之处,并提出了中国公司治理方面具体的改进措施的政策建议。

从本书所描述的公司治理变化的规模和广度来看,很明显,公司和董事会正在或不久将对新的或大大加强的公司治理标准作出响应。他们将被要求不断地监控公司治理及其效力,为转向和采用新的法规以及采取更好的做法做好准备,应对更严格的审查和投资者参与。

总的来说,公司治理的这些发展改善了董事会所能获得的信息质量,提高了管理层的业绩,并增强了公司对风险的认识和注意,所有这些都将使公司受益,并支持其长期目标的实现。

随着市场监管机构注意到公司治理对市场发展以及对经济增长和稳定的好处,这些改革和发展极有可能将继续下去,这也将是公司治理中的新常态。

附　　录

附录 1：董事会评估要求

国家	要求进行评估的源文书	受影响的公司	要求
澳大利亚	《ASX 公司治理原则和建议》和《ASX 上市规则》	上市公司《证券交易委员会条例》和《巴西证券交易所规则》	董事会提名委员会的作用是确保制定和实施评估董事会、董事委员会和董事业绩的程序。公司应根据这一原则在年度报告或公司治理声明中作出报告
巴西	IBGC《最佳做法守则》	推荐给所有公司和组织	对董事会、个别董事和 CEO 的年度正式评估。向股东披露过程和结果
印度	《公司法（2013）》	大型上市公众公司	关于董事会、董事委员会和个别董事年度评估的报告
	《股权上市协议》	上市公司	监控和审查董事会评估框架
新加坡	《公司治理守则》	所有公司——所有上市公司必须披露守则的每一项原则是如何应用的	原则 5 建议对整个董事会的效力以及每一位董事对董事会效力的贡献进行正式评估
南非	《公司治理守则 King Ⅲ (2009)》	所有在南非的实体，在"应用或遵守"的基础上	对董事会、董事委员会和个别董事的评估应每年都进行。对董事会、董事委员会和董事的年度评估（包括对董事会主席、CEO 和其他执行董事的评估）应由董事会主席或独立服务提供者进行。应在综合报告中披露这一过程
英国	《公司治理守则》	上市公司	董事会应对自身、董事委员会和个别董事的业绩进行正式和严格的年度评估
		大型公司	至少每三年由一名外部独立评估师进行一次业绩评估
美国	《纽交所（NYSE）上市规则》	上市公司	董事会在其公司治理准则中处理业绩评估问题；董事委员会的年度业绩评估将列入委员会章程

资料来源：莫里纽克斯/Molyneux，2015 年。

附录 2：上市公司治理准则

中国证券监督管理委员会公告〔2018〕29 号

第一章 总 则

第一条 为规范上市公司运作，提升上市公司治理水平，保护投资者合法权益，促进我国资本市场稳定健康发展，根据《中华人民共和国公司法》（以下简称《公司法》）、《中华人民共和国证券法》及相关法律、行政法规等确定的基本原则，借鉴境内外公司治理实践经验，制定本准则。

第二条 本准则适用于依照《公司法》设立且股票在中国境内证券交易所上市交易的股份有限公司。

上市公司应当贯彻本准则所阐述的精神，改善公司治理。上市公司章程及与治理相关的文件，应当符合本准则的要求。鼓励上市公司根据自身特点，探索和丰富公司治理实践，提升公司治理水平。

第三条 上市公司应当贯彻落实创新、协调、绿色、开放、共享的发展理念，弘扬优秀企业家精神，积极履行社会责任，形成良好公司治理实践。

上市公司治理应当健全、有效、透明，强化内部和外部的监督制衡，保障股东的合法权利并确保其得到公平对待，尊重利益相关者的基本权益，切实提升企业整体价值。

第四条 上市公司股东、实际控制人、董事、监事、高级管理人员，应当依照法律、行政法规、部门规章、规范性文件（以下统称法律法规）和自律规则行使权利、履行义务，维护上市公司利益。董事、监事、高级管理人员应当持续学习，不断提高履职能力，忠实、勤勉、谨慎履职。

第五条 在上市公司中，根据《公司法》的规定，设立中国共产党的组织，开展党的活动。上市公司应当为党组织的活动提供必要条件。

国有控股上市公司根据《公司法》和有关规定，结合企业股权结构、经营管理等实际，把党建工作有关要求写入公司章程。

第六条 中国证监会及其派出机构依法对上市公司治理活动及相关主体的行为进行监督管理，对公司治理存在重大问题的，督促其采取有效措施予以改善。

证券交易所、中国上市公司协会以及其他证券基金期货行业自律组织，依照本准则规定，制定相关自律规则，对上市公司加强自律管理。

中国证监会及其派出机构和有关自律组织，可以对上市公司治理状况进行评估，促进其不断改善公司治理。

第二章　股东与股东大会

第一节　股东权利

第七条 股东依照法律法规和公司章程享有权利并承担义务。

上市公司章程、股东大会决议或者董事会决议等应当依法合规，不得剥夺或者限制股东的法定权利。

第八条 在上市公司治理中，应当依法保障股东权利，注重保护中小股东合法权益。

第九条 上市公司应当建立与股东畅通有效的沟通渠道，保障股东对公司重大事项的知情、参与决策和监督等权利。

第十条 上市公司应当积极回报股东，在公司章程中明确利润分配办法尤其是现金分红政策。上市公司应当披露现金分红政策制定及执行情况，具备条件而不进行现金分红的，应当充分披露原因。

第十一条 股东有权依照法律、行政法规的规定，通过民事诉讼或者其他法律手段维护其合法权利。

第二节　股东大会的规范

第十二条 上市公司应当在公司章程中规定股东大会的召集、召开和表决等程序。

上市公司应当制定股东大会议事规则，并列入公司章程或者作为章程附件。

第十三条　股东大会提案的内容应当符合法律法规和公司章程的有关规定，属于股东大会职权范围，有明确议题和具体决议事项。

第十四条　上市公司应当在公司章程中规定股东大会对董事会的授权原则，授权内容应当明确具体。股东大会不得将法定由股东大会行使的职权授予董事会行使。

第十五条　股东大会会议应当设置会场，以现场会议与网络投票相结合的方式召开。现场会议时间、地点的选择应当便于股东参加。上市公司应当保证股东大会会议合法、有效，为股东参加会议提供便利。股东大会应当给予每个提案合理的讨论时间。

股东可以本人投票或者依法委托他人投票，两者具有同等法律效力。

第十六条　上市公司董事会、独立董事和符合有关条件的股东可以向公司股东征集其在股东大会上的投票权。上市公司及股东大会召集人不得对股东征集投票权设定最低持股比例限制。

投票权征集应当采取无偿的方式进行，并向被征集人充分披露具体投票意向等信息。不得以有偿或者变相有偿的方式征集股东投票权。

第十七条　董事、监事的选举，应当充分反映中小股东意见。股东大会在董事、监事选举中应当积极推行累积投票制。单一股东及其一致行动人拥有权益的股份比例在30%及以上的上市公司，应当采用累积投票制。采用累积投票制的上市公司应当在公司章程中规定实施细则。

第三章　董事与董事会

第一节　董事的选任

第十八条　上市公司应当在公司章程中规定规范、透明的董事提名、选任程序，保障董事选任公开、公平、公正。

第十九条　上市公司应当在股东大会召开前披露董事候选人的详细资

料，便于股东对候选人有足够的了解。

董事候选人应当在股东大会通知公告前作出书面承诺，同意接受提名，承诺公开披露的候选人资料真实、准确、完整，并保证当选后切实履行董事职责。

第二十条　上市公司应当和董事签订合同，明确公司和董事之间的权利义务、董事的任期、董事违反法律法规和公司章程的责任以及公司因故提前解除合同的补偿等内容。

第二节　董事的义务

第二十一条　董事应当遵守法律法规及公司章程有关规定忠实、勤勉、谨慎履职，并履行其作出的承诺。

第二十二条　董事应当保证有足够的时间和精力履行其应尽的职责。

董事应当出席董事会会议，对所议事项发表明确意见。董事本人确实不能出席的，可以书面委托其他董事按其意愿代为投票，委托人应当独立承担法律责任。独立董事不得委托非独立董事代为投票。

第二十三条　董事应当对董事会的决议承担责任。董事会的决议违反法律法规或者公司章程、股东大会决议，致使上市公司遭受严重损失的，参与决议的董事对公司负赔偿责任。但经证明在表决时曾表明异议并记载于会议记录的，该董事可以免除责任。

第二十四条　经股东大会批准，上市公司可以为董事购买责任保险。责任保险范围由合同约定，但董事因违反法律法规和公司章程规定而导致的责任除外。

第三节　董事会的构成和职责

第二十五条　董事会的人数及人员构成应当符合法律法规的要求，专业结构合理。董事会成员应当具备履行职责所必需的知识、技能和素质。鼓励董事会成员的多元化。

第二十六条　董事会对股东大会负责，执行股东大会的决议。

董事会应当依法履行职责，确保上市公司遵守法律法规和公司章程的规定，公平对待所有股东，并关注其他利益相关者的合法权益。

第二十七条　上市公司应当保障董事会依照法律法规和公司章程的规定行使职权，为董事正常履行职责提供必要的条件。

第二十八条　上市公司设董事会秘书，负责公司股东大会和董事会会议的筹备及文件保管、公司股东资料的管理、办理信息披露事务、投资者关系工作等事宜。

董事会秘书作为上市公司高级管理人员，为履行职责有权参加相关会议，查阅有关文件，了解公司的财务和经营等情况。董事会及其他高级管理人员应当支持董事会秘书的工作。任何机构及个人不得干预董事会秘书的正常履职行为。

第四节　董事会议事规则

第二十九条　上市公司应当制定董事会议事规则，报股东大会批准，并列入公司章程或者作为章程附件。

第三十条　董事会应当定期召开会议，并根据需要及时召开临时会议。董事会会议议题应当事先拟定。

第三十一条　董事会会议应当严格依照规定的程序进行。董事会应当按规定的时间事先通知所有董事，并提供足够的资料。两名及以上独立董事认为资料不完整或者论证不充分的，可以联名书面向董事会提出延期召开会议或者延期审议该事项，董事会应当予以采纳，上市公司应当及时披露相关情况。

第三十二条　董事会会议记录应当真实、准确、完整。出席会议的董事、董事会秘书和记录人应当在会议记录上签名。董事会会议记录应当妥善保存。

第三十三条　董事会授权董事长在董事会闭会期间行使董事会部分职权的，上市公司应当在公司章程中明确规定授权的原则和具体内容。上市公司重大事项应当由董事会集体决策，不得将法定由董事会行使的职权授予董事长、总经理等行使。

第五节　独立董事

第三十四条　上市公司应当依照有关规定建立独立董事制度。独立董事不得在上市公司兼任除董事会专门委员会委员外的其他职务。

第三十五条 独立董事的任职条件、选举更换程序等，应当符合有关规定。独立董事不得与其所受聘上市公司及其主要股东存在可能妨碍其进行独立客观判断的关系。

第三十六条 独立董事享有董事的一般职权，同时依照法律法规和公司章程针对相关事项享有特别职权。

独立董事应当独立履行职责，不受上市公司主要股东、实际控制人以及其他与上市公司存在利害关系的组织或者个人影响。上市公司应当保障独立董事依法履职。

第三十七条 独立董事应当依法履行董事义务，充分了解公司经营运作情况和董事会议题内容，维护上市公司和全体股东的利益，尤其关注中小股东的合法权益保护。独立董事应当按年度向股东大会报告工作。

上市公司股东间或者董事间发生冲突、对公司经营管理造成重大影响的，独立董事应当主动履行职责，维护上市公司整体利益。

第六节 董事会专门委员会

第三十八条 上市公司董事会应当设立审计委员会，并可以根据需要设立战略、提名、薪酬与考核等相关专门委员会。专门委员会对董事会负责，依照公司章程和董事会授权履行职责，专门委员会的提案应当提交董事会审议决定。

专门委员会成员全部由董事组成，其中审计委员会、提名委员会、薪酬与考核委员会中独立董事应当占多数并担任召集人，审计委员会的召集人应当为会计专业人士。

第三十九条 审计委员会的主要职责包括：

（一）监督及评估外部审计工作，提议聘请或者更换外部审计机构；

（二）监督及评估内部审计工作，负责内部审计与外部审计的协调；

（三）审核公司的财务信息及其披露；

（四）监督及评估公司的内部控制；

（五）负责法律法规、公司章程和董事会授权的其他事项。

第四十条 战略委员会的主要职责是对公司长期发展战略和重大投资决

策进行研究并提出建议。

第四十一条　提名委员会的主要职责包括：

（一）研究董事、高级管理人员的选择标准和程序并提出建议；

（二）遴选合格的董事人选和高级管理人员人选；

（三）对董事人选和高级管理人员人选进行审核并提出建议。

第四十二条　薪酬与考核委员会的主要职责包括：

（一）研究董事与高级管理人员考核的标准，进行考核并提出建议；

（二）研究和审查董事、高级管理人员的薪酬政策与方案。

第四十三条　专门委员会可以聘请中介机构提供专业意见。专门委员会履行职责的有关费用由上市公司承担。

第四章　监事与监事会

第四十四条　监事选任程序、监事会议事规则制定、监事会会议参照本准则对董事、董事会的有关规定执行。职工监事依照法律法规选举产生。

第四十五条　监事会的人员和结构应当确保监事会能够独立有效地履行职责。监事应当具有相应的专业知识或者工作经验，具备有效履职能力。上市公司董事、高级管理人员不得兼任监事。

上市公司可以依照公司章程的规定设立外部监事。

第四十六条　监事有权了解公司经营情况。上市公司应当采取措施保障监事的知情权，为监事正常履行职责提供必要的协助，任何人不得干预、阻挠。监事履行职责所需的有关费用由公司承担。

第四十七条　监事会依法检查公司财务，监督董事、高级管理人员履职的合法合规性，行使公司章程规定的其他职权，维护上市公司及股东的合法权益。监事会可以独立聘请中介机构提供专业意见。

第四十八条　监事会可以要求董事、高级管理人员、内部及外部审计人员等列席监事会会议，回答所关注的问题。

第四十九条　监事会的监督记录以及进行财务检查的结果应当作为对董事、高级管理人员绩效评价的重要依据。

第五十条　监事会发现董事、高级管理人员违反法律法规或者公司章程的，应当履行监督职责，并向董事会通报或者向股东大会报告，也可以直接向中国证监会及其派出机构、证券交易所或者其他部门报告。

第五章　高级管理人员与公司激励约束机制

第一节　高级管理人员

第五十一条　高级管理人员的聘任，应当严格依照有关法律法规和公司章程的规定进行。上市公司控股股东、实际控制人及其关联方不得干预高级管理人员的正常选聘程序，不得越过股东大会、董事会直接任免高级管理人员。

鼓励上市公司采取公开、透明的方式，选聘高级管理人员。

第五十二条　上市公司应当和高级管理人员签订聘任合同，明确双方的权利义务关系。

高级管理人员的聘任和解聘应当履行法定程序，并及时披露。

第五十三条　上市公司应当在公司章程或者公司其他制度中明确高级管理人员的职责。高级管理人员应当遵守法律法规和公司章程，忠实、勤勉、谨慎地履行职责。

第五十四条　高级管理人员违反法律法规和公司章程规定，致使上市公司遭受损失的，公司董事会应当采取措施追究其法律责任。

第二节　绩效与履职评价

第五十五条　上市公司应当建立公正透明的董事、监事和高级管理人员绩效与履职评价标准和程序。

第五十六条　董事和高级管理人员的绩效评价由董事会或者其下设的薪酬与考核委员会负责组织，上市公司可以委托第三方开展绩效评价。

独立董事、监事的履职评价采取自我评价、相互评价等方式进行。

第五十七条　董事会、监事会应当向股东大会报告董事、监事履行职责的情况、绩效评价结果及其薪酬情况，并由上市公司予以披露。

第三节 薪酬与激励

第五十八条 上市公司应当建立薪酬与公司绩效、个人业绩相联系的机制，以吸引人才，保持高级管理人员和核心员工的稳定。

第五十九条 上市公司对高级管理人员的绩效评价应当作为确定高级管理人员薪酬以及其他激励的重要依据。

第六十条 董事、监事报酬事项由股东大会决定。在董事会或者薪酬与考核委员会对董事个人进行评价或者讨论其报酬时，该董事应当回避。

高级管理人员的薪酬分配方案应当经董事会批准，向股东大会说明，并予以充分披露。

第六十一条 上市公司章程或者相关合同中涉及提前解除董事、监事和高级管理人员任职的补偿内容应当符合公平原则，不得损害上市公司合法权益，不得进行利益输送。

第六十二条 上市公司可以依照相关法律法规和公司章程，实施股权激励和员工持股等激励机制。

上市公司的激励机制，应当有利于增强公司创新发展能力，促进上市公司可持续发展，不得损害上市公司及股东的合法权益。

第六章 控股股东及其关联方与上市公司

第一节 控股股东及其关联方行为规范

第六十三条 控股股东、实际控制人对上市公司及其他股东负有诚信义务。控股股东对其所控股的上市公司应当依法行使股东权利，履行股东义务。控股股东、实际控制人不得利用其控制权损害上市公司及其他股东的合法权益，不得利用对上市公司的控制地位谋取非法利益。

第六十四条 控股股东提名上市公司董事、监事候选人的，应当遵循法律法规和公司章程规定的条件和程序。控股股东不得对股东大会人事选举结果和董事会人事聘任决议设置批准程序。

第六十五条 上市公司的重大决策应当由股东大会和董事会依法作出。

控股股东、实际控制人及其关联方不得违反法律法规和公司章程干预上市公司的正常决策程序，损害上市公司及其他股东的合法权益。

第六十六条　控股股东、实际控制人及上市公司有关各方作出的承诺应当明确、具体、可执行，不得承诺根据当时情况判断明显不可能实现的事项。承诺方应当在承诺中作出履行承诺声明、明确违反承诺的责任，并切实履行承诺。

第六十七条　上市公司控制权发生变更的，有关各方应当采取有效措施保持上市公司在过渡期间内稳定经营。出现重大问题的，上市公司应当向中国证监会及其派出机构、证券交易所报告。

第二节　上市公司的独立性

第六十八条　控股股东、实际控制人与上市公司应当实行人员、资产、财务分开，机构、业务独立，各自独立核算、独立承担责任和风险。

第六十九条　上市公司人员应当独立于控股股东。上市公司的高级管理人员在控股股东不得担任除董事、监事以外的其他行政职务。控股股东高级管理人员兼任上市公司董事、监事的，应当保证有足够的时间和精力承担上市公司的工作。

第七十条　控股股东投入上市公司的资产应当独立完整、权属清晰。

控股股东、实际控制人及其关联方不得占用、支配上市公司资产。

第七十一条　上市公司应当依照法律法规和公司章程建立健全财务、会计管理制度，坚持独立核算。

控股股东、实际控制人及其关联方应当尊重上市公司财务的独立性，不得干预上市公司的财务、会计活动。

第七十二条　上市公司的董事会、监事会及其他内部机构应当独立运作。控股股东、实际控制人及其内部机构与上市公司及其内部机构之间没有上下级关系。

控股股东、实际控制人及其关联方不得违反法律法规、公司章程和规定程序干涉上市公司的具体运作，不得影响其经营管理的独立性。

第七十三条　上市公司业务应当独立于控股股东、实际控制人。

控股股东、实际控制人及其控制的其他单位不应从事与上市公司相同或者相近的业务。控股股东、实际控制人应当采取有效措施避免同业竞争。

第三节 关联交易

第七十四条 上市公司关联交易应当依照有关规定严格履行决策程序和信息披露义务。

第七十五条 上市公司应当与关联方就关联交易签订书面协议。协议的签订应当遵循平等、自愿、等价、有偿的原则，协议内容应当明确、具体、可执行。

第七十六条 上市公司应当采取有效措施防止关联方以垄断采购或者销售渠道等方式干预公司的经营，损害公司利益。关联交易应当具有商业实质，价格应当公允，原则上不偏离市场独立第三方的价格或者收费标准等交易条件。

第七十七条 上市公司及其关联方不得利用关联交易输送利益或者调节利润，不得以任何方式隐瞒关联关系。

第七章 机构投资者及其他相关机构

第七十八条 鼓励社会保障基金、企业年金、保险资金、公募基金的管理机构和国家金融监督管理机构依法监管的其他投资主体等机构投资者，通过依法行使表决权、质询权、建议权等相关股东权利，合理参与公司治理。

第七十九条 机构投资者依照法律法规和公司章程，通过参与重大事项决策、推荐董事、监事人选、监督董事、监事履职情况等途径，在上市公司治理中发挥积极作用。

第八十条 鼓励机构投资者公开其参与上市公司治理的目标与原则、表决权行使的策略、股东权利行使的情况及效果。

第八十一条 证券公司、律师事务所、会计师事务所等中介机构在为上市公司提供保荐承销、财务顾问、法律、审计等专业服务时，应当积极关注上市公司治理状况，促进形成良好公司治理实践。

上市公司应当审慎选择为其提供服务的中介机构，注重了解中介机构诚实守信、勤勉尽责状况。

第八十二条　中小投资者保护机构应当在上市公司治理中发挥积极作用，通过持股行权等方式多渠道保护中小投资者合法权益。

第八章　利益相关者、环境保护与社会责任

第八十三条　上市公司应当尊重银行及其他债权人、员工、客户、供应商、社区等利益相关者的合法权利，与利益相关者进行有效的交流与合作，共同推动公司持续健康发展。

第八十四条　上市公司应当为维护利益相关者的权益提供必要的条件，当其合法权益受到侵害时，利益相关者应当有机会和途径依法获得救济。

第八十五条　上市公司应当加强员工权益保护，支持职工代表大会、工会组织依法行使职权。董事会、监事会和管理层应当建立与员工多元化的沟通交流渠道，听取员工对公司经营、财务状况以及涉及员工利益的重大事项的意见。

第八十六条　上市公司应当积极践行绿色发展理念，将生态环保要求融入发展战略和公司治理过程，主动参与生态文明建设，在污染防治、资源节约、生态保护等方面发挥示范引领作用。

第八十七条　上市公司在保持公司持续发展、提升经营业绩、保障股东利益的同时，应当在社区福利、救灾助困、公益事业等方面，积极履行社会责任。

鼓励上市公司结对帮扶贫困县或者贫困村，主动对接、积极支持贫困地区发展产业、培养人才、促进就业。

第九章　信息披露与透明度

第八十八条　上市公司应当建立并执行信息披露事务管理制度。上市公司及其他信息披露义务人应当严格依照法律法规、自律规则和公司章程的规定，真实、准确、完整、及时、公平地披露信息，不得有虚假记载、误导性陈述、重大遗漏或者其他不正当披露。信息披露事项涉及国家秘密、商业机密的，依照相关规定办理。

第八十九条　董事、监事、高级管理人员应当保证上市公司披露信息的真实、准确、完整、及时、公平。

上市公司应当制定规范董事、监事、高级管理人员对外发布信息的行为规范，明确未经董事会许可不得对外发布的情形。

第九十条　持股达到规定比例的股东、实际控制人以及收购人、交易对方等信息披露义务人应当依照相关规定进行信息披露，并配合上市公司的信息披露工作，及时告知上市公司控制权变更、权益变动、与其他单位和个人的关联关系及其变化等重大事项，答复上市公司的问询，保证所提供的信息真实、准确、完整。

第九十一条　鼓励上市公司除依照强制性规定披露信息外，自愿披露可能对股东和其他利益相关者决策产生影响的信息。

自愿性信息披露应当遵守公平原则，保持信息披露的持续性和一致性，不得进行选择性披露，不得利用自愿性信息披露从事市场操纵、内幕交易或者其他违法违规行为，不得违反公序良俗、损害社会公共利益。自愿披露具有一定预测性质信息的，应当明确预测的依据，并提示可能出现的不确定性和风险。

第九十二条　信息披露义务人披露的信息，应当简明清晰、便于理解。上市公司应当保证使用者能够通过经济、便捷的方式获得信息。

第九十三条　董事长对上市公司信息披露事务管理承担首要责任。

董事会秘书负责组织和协调公司信息披露事务，办理上市公司信息对外公布等相关事宜。

第九十四条　上市公司应当建立内部控制及风险管理制度，并设立专职部门或者指定内设部门负责对公司的重要营运行为、下属公司管控、财务信息披露和法律法规遵守执行情况进行检查和监督。

上市公司依照有关规定定期披露内部控制制度建设及实施情况，以及会计师事务所对上市公司内部控制有效性的审计意见。

第九十五条　上市公司应当依照法律法规和有关部门的要求，披露环境信息以及履行扶贫等社会责任相关情况。

第九十六条　上市公司应当依照有关规定披露公司治理相关信息，定期分析公司治理状况，制定改进公司治理的计划和措施并认真落实。

第十章 附 则

第九十七条 中国证监会及其他部门依法对相关上市公司治理安排有特别规定的，应当遵守其规定。试点红筹企业在境内发行股票或者存托凭证并上市的，除适用境外注册地法律法规的事项外，公司治理参照本准则执行。

第九十八条 本准则自公布之日起施行。2002年1月7日发布的《上市公司治理准则》（证监发〔2002〕1号）同时废止。

附录3：本书缩略词

ACCA：特许公认会计师公会	ESG：环境、社会和治理
AGM：年度股东大会	EU：欧洲联盟
AICPA：美国注册会计师协会	FCA：金融行为监管局（英国）
ASEAN：东南亚国家联盟	FEE：欧洲会计师联合会
ASX：澳大利亚证券交易所	FRC：财务报告理事会（英国）
BCBS：巴塞尔银行监管委员会	FSB：金融稳定委员会
BICG：波罗的海公司治理研究所	GGP：全球治理原则（由ICGN发布）
BM&F BOVESPA：巴西证券交易所	GM：总经理
CAC：法国股市指数	GNDI：全球董事协会网络
CEO：首席执行官	GRI：全球报告倡议组织
CFO：首席财务官	IAASB：国际审计与鉴证准则理事会
CII：机构投资者理事会（美国）	IBE：商业道德协会
CII–ITC：可持续发展英才中心（印度）	IBGC：巴西公司治理研究所
CIIA：特许内部审计师协会	IC：内部控制
CMA：资本市场管理局（肯尼亚）	ICAEW：英格兰和威尔士特许会计师协会
CMVM：葡萄牙证券市场监管机构	ICGN：国际公司治理网络
CNMV：葡萄牙证券市场委员会	ICSA：特许秘书和行政人员协会
COBIT：信息和相关技术的控制目标	IFAC：国际会计师联合会
CONSOB：意大利证券交易委员会	IFRS：国际财务报告准则
COSO：反虚假财务报告委员会下属的发起人委员会	IIA：内部审计师协会
CR：企业责任	IIASB：国际内部审计准则委员会
CRO：首席风险官	IIRC：国际综合报告理事会
CSR：企业社会责任	IoDSA：非洲南部董事协会
EC：欧盟委员会	IOSCO：国际证监会组织
ECGI：欧洲公司治理研究所	IR：综合报告
ECIIA：欧洲内部审计师协会联合会	IRM：风险管理研究所
ecoDa：欧洲董事协会联合会	ISAs：国际审计准则
EITI：采掘业透明度倡议	ISACA：信息系统审计与控制协会
ERM：企业风险管理	ISO：国际标准化组织

续表

JSE：约翰内斯堡证券交易所	ROTX：罗马尼亚交易指数
M&A：兼并和收购	RPT：关联方交易
MNE：跨国公司	SAICA：南非特许会计师协会
NACD：美国公司董事联合会（美国）	SASB：可持续性会计准则委员会
NAPF：英国养老基金联合会（英国）	SC：马来西亚证券委员会
NGER：国家温室气体与能源报告法案（澳大利亚）	SEBI：印度证券交易委员会
OECD：经济合作与发展组织	SEC：证券交易委员会（美国）
OSC：安大略证券委员会	SK：哈萨克斯坦主权财富基金
PIE：公共利益实体	SMEs：中小型企业
PRA：审慎监管局（英国）	SOE：国有企业
PRI：联合国负责任投资原则	SOFIX：保加利亚证券交易所股票市场指数
RAF：风险偏好框架	UNDP：联合国开发计划署
RMA：风险管理协会	UNHCR：联合国难民署
ROSC：标准和守则遵守情况报告	WEF：世界经济论坛

部分参考文献

[1] ACCA. 2013. "Understanding investors: Directions for corporate reporting." Report. London: Association of Chartered Certified Accountants. http://tinyurl.com/o5nb2ab.

[2] Anderson, D J, and G. Eubanks 2015. "Leveraging COSO Across the three lines of defense." COSO White Paper. New York: Committee of Sponsoring Organizations of the Tread Way Commission http://tinyurl.com/hzfca4h.

[3] Bart, C, and G. Mcqueen. 2013. "Why women make better Directors." International Journal of Business Governance and Ethics8 (1): 93 – 99.

[4] BCBS. 2010. "Principles for enhancing corporate governance Anal document." Basel Committee on Banking Supervision, Bank for International Settlements. Available on the BIS website: http://www.bis.org/publ/bcbs176.htm.

[5] BCBS. 2012. The Internal Audit Function in Banks. Basel, Switzerland: Basel Committee on Banking Supervision, Bank for International Settlements, Available on the BIS website: www.bis.org.

[6] BCBS. 2014. External Audit of Banks, Basel, Switzerland. Basel Committee on Banking Supervision, Bank for International Settlements. Available on the BIS website www.bis.org.

[7] BCBS 2015. "Guidelines: Corporate governance principles For banks." Consultative Document. Basel, Switzerland: Basel Committee on Banking Supervision, Bank for International Settlements http://www.bis.org/bcbs/publ/d328.htm.

[8] CMA. 2015. "Draft stewardship code for institutional investors (Capital

Markets Act 485A)." Nairobi, Kenya: Capital Markets Authority.

[9] Dent, G W. Jr 2012. "Corporate governance: The Swedish Solution" Florida Law Review 64 (6/9): 1633–68. http://tinyurl.com/jvbfata.

[10] ecoDa. 2014. ecoDa's reaction to the Proposal for a Shareholder directive, "Position Paper. Brussels: European Confederation Of Directors' Associations. http://tinyurl.com/go2b3ratiol.

[11] EU 2012. "Action Plan: European company law and corporate governance-a modern legal framework for more engaged shareholders and sustainable companies." Communication Document. Brussels: European Union. http://tinyurl.com gkwlkc4.

[12] European Commission. 2014a. "Shareholder Rights Directive, Proposal for Revision of Directive 2007/36/EC. COM/2014/0213 final – 2014/0121 (COD)/, a Directive for listed companies, large companies and large groups." Brussels: European Commission http://tinyurl.com/jnhntew.

[13] European Commission. 2014b. Corporate governance pack-age-frequently asked questions. Memo (April 9). Brussels: European Commission. http://tinyurl.com/jm2ow7j.

[14] European Commission. 2014c "Q&A-implementation of the New Statutory Audit Framework" (September 3). Brussels: European Commission.

[15] European Commission. 2015. "Action plan on building a capital markets union." Green Paper. Brussels: European Commission. http://tinyurl.com/nvpd6pe.

[16] European Council, 2014. "Disclosure of non-fnancial information: Europe's largest companies to be more transparent on social and environmental issues." Press Release (September 9). Brussels: European Council http://tinyurl.com/p327joa29.

[17] FCA. 2015, CP14/13 Strengthening accountability in banking A new regulatory framework for individuals." Consultation Paper FCA CP14/13/PRA CP14/14. London: Financial Con – Duct Authority (united Kingdom). http://tinyurl.com/h88ejqy.

[18] FEE. 2015. Overview of Audit Quality Indicators initiatives Information Paper.

[19] France. 2014. Florange Law (Loi Florange)" Legislation. Paris: Government of France.

[20] FRC 2012. "UK Stewardship Code." London: Financial Reporting Council www.frc.org.uk.

[21] FRC 2015. "Developments in corporate governance and stew-ardship2014."

[22] IAASB. 2015. "Enhancing audit quality in the public interest: A focus on professional skepticism, quality control and group audits. New York: International Audit and Assurance Standards Board. http://tinyurl.com/gm83mly.

[23] ICGN. 2012. ICGN Model Mandate Initiative. London International Corporate Governance Network. http://tinyurl.com/gvkjyhl.

[24] ICGN. 2013. ICGN Guidance on Institutional Investor Responsibilities. London: International Corporate Governance Network. http://tinyurl.com/zmwkgwh.

[25] ICGN. 2014. ICGN Global Governance Principles. London: International Corporate Governance Network. http://tinyurlcom/gs4djev.

[26] IFC. 2016. "From Companies to Markets".

[27] IFC and ecoda. 2015. A Guide to Corporate Governance Practices in the European Union. Washington, D.C: International Finance Corporation http://tinyurl.com/nnsyw4v.

[28] Lekvall, P 2014. The Nordic Corporate Governance Model Stockholm-SNSForlag. http://tinyurl.com/hf24gik. Also availablefromtheSSRNwebsitehttp://tinyurl.com/zbgsacu.

[29] Lekvall, P 2015. The essence of Nordic corporate governance in Study Guide: The Nordic Way-global Crossroads and Capability to Change. The Nordic Association.

[30] OECD. 2009. Corporate Governance and the Financial Crisis: Key Findings and Main Messages. Paris: Organization for Economic Co-operation and Development. http://tinyurl.com/iqdb9sj.pdf.

[31] OECD. 2015a "G20/OECD Principles of Corporate Governance" OECD Report to G20 Finance Ministers and Central Bank Governors. Paris: Organisation for Economic Co-operation and Development. http://tinyurl.com/hadc5e6.

[32] OECD. 2015b. OECD Corporate Governance Factbook, 2015 Paris: Organisation for Economic Co-operation and DevelopMent http://tinyurl.com/zpn8eu7.

[33] PRA 2015. "Corporate governance: Board responsibilities" Consultation Paper CP18/15. London: Prudential Regulatory Authority, Bank of England. http://tinyurl.com/hz84dzf.

[34] WEF 2015. The Global Competitiveness Report 2015~2016. Geneva, Switzerland World Economic Forum. http://tinyurlcom/iuigcr2.

[35] Westlake, R. 2013. Focus 11: Guidance for the directors of banks. Washington, D.C.: IFC Corporate Governance Knowledge Publication. http://tinyurl.com/hwmv6gy.

[36] Wymeersch, E. 2005. "Enforcement of corporate governance codes." ECGI—Law Working Paper NO. 46/2005. Gent, Belgium: Ghent University. SSRN: http://tinyurl.com/jtzdlqv.